SOBRE O POLÍTICO

# SOBRE O POLÍTICO

## *Chantal Mouffe*

Tradução Fernando Santos

**wmf martinsfontes**

SÃO PAULO 2015

*Esta obra foi publicada originalmente em inglês com o título ON THE POLITICAL por Routledge.*
*Copyright © 2005, Chantal Mouffe*
*Todos os direitos reservados.*
*Tradução autorizada a partir da edição inglesa, publicada pela editora Routledge, do grupo Taylor&Francis.*
*Todos os direitos reservados. Este livro não pode ser reproduzido, no todo ou em parte, armazenado em sistemas eletrônicos recuperáveis nem transmitido por nenhuma forma ou meio eletrônico, mecânico ou outros, sem a prévia autorização por escrito do editor.*
*Copyright © 2015, Editora WMF Martins Fontes Ltda., São Paulo, para a presente edição.*

1ª edição 2015

Tradução  *Fernando Santos*
Acompanhamento editorial  *Márcia Leme, Maria Fernanda Alvares*
Revisão técnica  *Katya Kozicki, William Pugliese*
Revisões gráficas  *Ivany Picasso Batista, Sorel Silva*
Edição de arte  *Katia Harumi Terasaka*
Produção gráfica  *Geraldo Alves*
Paginação  *Studio 3 Desenvolvimento Editorial*

Dados Internacionais de Catalogação na Publicação (CIP)
(Câmara Brasileira do Livro, SP, Brasil)

---

Mouffe, Chantal

Sobre o político / Chantal Mouffe ; [tradução Fernando Santos]. – São Paulo : Editora WMF Martins Fontes, 2015.

Título original: On the political.
ISBN 978-85-7827-946-2

1. Ciência política – Filosofia 2. Democracia 3. Direita e esquerda (Política) I. Título.

15-02994                                              CDD-320.5

---

Índices para catálogo sistemático:
1. Pensamento político    320.5

Todos os direitos desta edição reservados à
**Editora WMF Martins Fontes Ltda.**
Rua Prof. Laerte Ramos de Carvalho, 133 01325-030 São Paulo SP Brasil
Tel. (11) 3293.8150  Fax (11) 3101.1042
e-mail: info@wmfmartinsfontes.com.br  http://www.wmfmartinsfontes.com.br

*Sumário*

*Prefácio à edição brasileira* VII

*Introdução* 1

1. A política e o político  7

2. Para além do modelo adversarial?  33

3. Atuais desafios da visão pós-política  63

4. Qual ordem mundial: cosmopolita ou multipolar?  89

*Conclusão*  119

*Índice remissivo*  131

# Prefácio à edição brasileira

"My work has always been driven by a desire to understand what is happening in the world, so as to be able to intervene in it. I truly believe in the power of ideas, otherwise I would not have chosen to be a theorist."

CHANTAL MOUFFE[1]

Com as palavras acima, Chantal Mouffe expressa a motivação que está por trás de seu trabalho e a sua profunda convicção sobre o poder das ideias. A ela não interessa apenas produzir um exercício analítico sobre a realidade, mas também criar as condições de possibilidade para uma intervenção concreta na *polis* e no mundo em geral. Toda a sua análise tem, em primeiro lugar, um objetivo político, questionador e transformador. Em tempos que podemos chamar de difíceis para o pensamento democrático e para a política democrática é fundamental conhecer o trabalho de uma pensadora que, acima de tudo, tenta pensar a política de maneira diferente, de maneira *radicalmente* democrática.

Antes de passar à apresentação do livro que ora prefacio, gostaria de tecer algumas considerações mais gerais sobre o trabalho da autora e o referencial teórico que o orienta. Diferentemente de outros teóricos da chamada democracia radical, Mouffe desenvolve seu pensamento assumindo o antagonismo e o conflito como categorias centrais do político e afirmando a importância do dissenso como elemento fundamental da democracia. Para a autora são três as motivações para os indivíduos atuarem: os

---

[1] Entrevista concedida por Chantal Mouffe a James Martin, em James Martin (org.), *Chantal Mouffe: hegemony, radical democracy, and the political*, Londres e Nova York, Routledge, 2013, p. 230.

interesses, a razão e as paixões. Ao introduzir o elemento passional na filosofia política, a matriz da democracia radical pretende ampliar o campo de análise dos motivos das ações humanas para fora do debate interesse X razão. Essa teoria parte da constatação de que a chamada revolução democrática constitui um marco na história do pensamento político e inicia um novo tempo para a filosofia política, importância esta que também pode ser percebida no plano epistemológico.

Os argumentos centrais de seu pensamento são desenvolvidos, em grande parte, a partir da distinção por ela feita entre a "política" e o "político". Recorrendo a Heidegger, a autora vai diferenciar o nível "ôntico" (onde se insere a política) do nível "ontológico" (nível do político). A política tem como referência o campo empírico, os fatos da atuação política, ao passo que o político está relacionado à própria formação da sociedade. O político representaria um espaço de poder, conflito e antagonismo: "entendo por 'o político' a dimensão de antagonismo que considero constitutiva das sociedades humanas, enquanto entendo por 'política' o conjunto de práticas e instituições por meio das quais uma ordem é criada, organizando a coexistência humana no contexto conflituoso produzido pelo político" (p. 8). Uma de suas preocupações centrais refere-se justamente às práticas da política democrática (localizada no nível ôntico). Porém, essa preocupação não exclui a análise do político pensado enquanto antagonismo. Na sua visão "o que está em jogo na discussão acerca da natureza do 'político' é o próprio futuro da democracia" (p. 8). Eis por que ser absolutamente necessário a correta apreensão do que venha a ser o político e a perspectiva de conflito e antagonismo a ele associada de maneira inafastável.

No desenvolvimento de seu trabalho, a autora parte de uma separação objetiva entre os dois projetos constitutivos do Iluminismo: por um lado, o projeto epistemológico, significado pela ideia de autofundação (*self-foundation*), e, por outro, o projeto político, significado pela ideia de autoafirmação (*self-assertion*).

PREFÁCIO À EDIÇÃO BRASILEIRA · IX

Reconhecendo a possibilidade de esses dois projetos serem concebidos de forma diferenciada, a matriz teórica da democracia radical parte do pressuposto de que é possível defender o projeto político da modernidade sem que isso implique a vinculação a uma forma específica de racionalidade.

É importante ressaltar que a democracia radical se autoqualifica, dentro da tradicional dicotomia direita/esquerda, como uma proposta de esquerda, reconhecendo que deveria ser um objetivo da esquerda a extensão e o aprofundamento da revolução democrática e, ao mesmo tempo, afirmando que é necessário radicalizar a tradição democrática moderna. Característica dessa tradição é a noção de que o poder é um lugar vazio, ou seja, nenhum indivíduo ou grupo pode ocupar o seu lócus, o que poderia conduzir a uma unificação imaginária da sociedade. A democracia acontece com a despersonificação do poder, com a historização dos fins da sociedade e com a concepção de que o povo é soberano.

Ao mesmo tempo, a indeterminação de sentido característica da modernidade implica que a democracia questione a si mesma todo o tempo. A ausência de uma fonte superior de lei, poder ou conhecimento implica que o legítimo e o ilegítimo não possam ser definidos de maneira absoluta. Ao contrário, é sua constante rediscussão, dentro do espaço público, que lhe confere sentidos determinados. O que vem a ser legítimo, nessa perspectiva, está sempre aberto à possibilidade de questionamento, aberto ao debate, não se fundando em nenhuma resposta *a priori*. No reino da política não prevalece a *verdade* e historicamente sempre existiu um conflito entre esta, entendida no sentido de verdade racional, e a política. Cada esfera (filosofia/política) possui critérios de validação e legitimação e o político não permite o estabelecimento de verdades universais.

Outro traço característico do pensamento da autora é a centralidade da categoria *hegemonia*. O conceito de hegemonia está relacionado à construção de um campo discursivo que pretende atuar como elemento de convergência de sentido entre diferentes possibilidades significativas, capazes de agregar em seu interior diferentes demandas, pontos de vista e atitudes. A ocorrência de um novo campo discursivo, resultante de determinada prática de articulação, capaz de impor a si própria como hegemônica, vai acarretar a redefinição dos termos do debate político e estabelecer uma nova agenda política. Articulações hegemônicas sempre se desenvolverão em uma arena de conflito, permeada por antagonismos, de maneira que o político está ligado de forma indissociável ao conflito.

As categorias acima apresentadas estão no centro da obra *Sobre o político*, estruturada em seis partes. Já na Introdução a autora alerta que um dos seus objetivos centrais é combater o que ela chama de pós-político, ou seja, uma visão de mundo marcada por uma perspectiva otimista da globalização e uma crença na possiblidade de um mundo sem inimigos, pautado pela ideia de consenso e além da tradicional dicotomia esquerda e direita. Essa seria uma visão antipolítica, que se nega a compreender o caráter conflituoso das sociedades contemporâneas e a impossibilidade de erradicação do conflito e dos antagonismos sociais. Essa visão é perigosa para a política democrática pois, em vez de permitir a criação de canais democráticos de expressão das diferenças, acaba por aprofundar o nível de antagonismo existente. Consenso e reconciliação não podem ser objetivos centrais da política democrática – a democracia precisa, em realidade, da criação de um espaço vibrante de discussão, marcado por uma perspectiva agonista da política.

O objetivo do Capítulo 1 é apresentar o arcabouço teórico da crítica proposta por Mouffe a essa perspectiva pós-política. A premissa central aqui trabalhada é a distinção (já referida acima) entre a política e o político, sendo o antagonismo a característica específica do político. Tomando como base o pensamento de Carl Schmitt, exposto no livro *O conceito do político*, Mouffe vai desenvolver uma crítica ao individualismo liberal e a uma perspectiva racionalista do político. Apropriando-se da distinção que

Schmitt estabelece entre o nós e o eles – amigo/inimigo –, a autora procura afirmar a inafastabilidade do conflito na esfera política e a ideia de que todo consenso gera exclusão. Porém, Mouffe trabalha tal distinção com objetivos inteiramente diferentes de Schmitt. Neste, a intenção básica era demonstrar a falência da democracia representativa, posto que ele considerava a lógica da democracia completamente incompatível com a lógica do liberalismo. Naquela, a intenção é – reconhecendo os pontos fracos do pensamento liberal – criar canais democráticos para a tomada de decisão e expressão das diferenças.

Mas, embora Mouffe se aproprie de algumas noções de Schmitt, ela também procura pensar "com Schmitt contra Schmitt" (p. 13). Isso é feito principalmente no momento em que ela vai desenvolver não só a perspectiva de uma democracia *radical* mas também a de uma democracia *plural*. Ao contrário do que pregava Schmitt, para quem a democracia exigia a existência de um *demos* homogêneo, Mouffe se preocupa com a maneira pela qual a distinção amigo/inimigo pode ser compatível com o pluralismo democrático.

Juntamente com o antagonismo a noção de hegemonia é chave para a compreensão do político. Partindo do fato de que toda ordem política se baseia em alguma forma de exclusão, a autora vai examinar as práticas de articulação que estabelecem determinada ordem e que se tornam práticas hegemônicas. A política democrática deve colocar o poder e o antagonismo no centro de sua concepção. Em vez de eliminar o conflito a tarefa é torná-lo compatível com a democracia. Ou seja, transformar o antagonismo em agonismo. Nessa ótica, o conflito é algo que se estabelece entre adversários e não entre inimigos. Partindo da noção de exterioridade constitutiva a autora vai buscar compreender o que está em jogo na construção das identidades. O poder, nessa análise, não é uma relação externa a duas identidades pré-constituídas. Ao contrário, ele constitui essas identidades. Toda ordem política é a expressão de uma hegemonia, de um específico conjunto de relações de poder e, assim, a prática política não pode ser vista como representativa de interesses de sujeitos pré-constituídos, mas é ela mesma que os constrói, num terreno sempre precário e vulnerável.

Dessa forma, a tarefa da política seria criar canais pelos quais as paixões possam ser mobilizadas, e que permitam a criação de modos de identificação por meio dos quais o "outro" seja visto como adversário e não como inimigo. O conflito entre os adversários é inerradicável, mas esse conflito não é quanto aos princípios que devem reger a comunidade política e sim quanto à interpretação que diferentes indivíduos ou grupos podem dar a eles. Sua resolução será sempre provisória e além da possibilidade de uma discussão racional, pois as paixões que os constituem estarão sempre envolvidas.

No Capítulo 2 é analisado o pensamento de diversos autores que visualizaram, já na década de 1960, a chegada de uma "sociedade pós-industrial" e que, mais tarde, viriam a comemorar o "fim das ideologias". O objetivo de tal análise é pensar a consequência que eles representam para a política democrática.

Explorando o argumento principal de Ulrich Beck de que, após uma primeira etapa de "modernização simples", caracterizada pela crença na sustentabilidade ilimitada do progresso tecnológico-econômico espontâneo – cujos riscos podiam ser contidos graças a instituições monitoradas apropriadas –, hoje nós vivemos uma época de "modernização reflexiva", caracterizada pelo surgimento de uma "sociedade de risco", Mouffe vai apresentar a ideia de subpolítica desse autor e de que maneira a política já não pode ser pensada apenas dentro dos espaços tradicionais. Enfatizando a possibilidade de uma ação de baixo para cima, Beck procuraria ressaltar o papel que grupos podem ter no processo de moldar a política. Enfatizando o papel da dúvida, a sociedade seria incapaz de pensar em termos de amigo e inimigo e, como consequência, os conflitos seriam pacificados.

No caso de Anthony Giddens, a autora ressalta que seu conceito-chave seria o de "sociedade pós-tradicional". Afirmando o caráter globalmente experimental da modernidade, o momento atual estaria carregado de ameaças que geram o que se pode chamar de "incerteza manufaturada". No livro *Beyond left and right* [Além da esquerda e da direita], Giddens se mostra favorável a uma nova forma de conceber a política, não mais pensada a partir da dicotomia esquerda/direita, a qual teria perdido a razão de ser.

Visualizando nas posturas de Beck e Giddens o objetivo de eliminar a noção de adversário da política, Mouffe vai criticar a pretensão de pensar a democracia para além do modelo adversarial. Para a autora, a negação dessa forma agonística dos conflitos políticos levaria a uma posição antagonística, não mais pautada pela noção de adversário e sim pela noção de inimigo. Nesse cenário é que se vai colocar a oposição democracia dialógica X democracia agonística.

No centro da divergência entre Mouffe, de um lado, e Beck e Giddens, de outro, está a forma de encarar a luta política. Para a autora, "a radicalização da democracia exige a transformação das estruturas de poder existentes e a construção de uma nova hegemonia" (p. 51). Para explicitar a fronteira que diferencia o nós/eles é necessário descobrir o que está do outro lado da fronteira. Isso não será apenas uma diferença entre tantas. Ao contrário, será algo que se contrapõe radicalmente a todas as diferenças e identidades dentro do sistema discursivo. A maneira pela qual essa diferença radical se manifesta só pode ser encontrada através de uma cadeia de equivalências, que subverteria o caráter diferencial das identidades discursivas. A partir da sua inscrição nessa cadeia de equivalências as diferenças entre as diversas identidades entrariam em colapso, construindo uma forma de identificação coletiva. E justamente essa identificação coletiva é que possibilitaria a formação de uma vontade coletiva, radicalmente democrática.

E também a partir desses pressupostos é que Mouffe vai criticar a ideia de uma terceira via proposta por Giddens, apontando haver uma conformidade evidente entre a hegemonia neoliberal e essa terceira via. Embora sem analisar de forma detalhada as políticas do governo Tony Blair, ela vai criticar o chamado Novo Trabalhismo e sua tentativa de incorporar a social-democracia ao neoliberalismo.

Partindo da premissa de que hoje em dia o político foi jogado para a esfera moral – ainda pautado por uma distinção nós/eles mas não mais pensada através de categorias políticas e sim em termos morais –, a autora vai analisar, no Capítulo 3, as consequências desse deslocamento tanto para a política doméstica quanto para a política internacional. Isso vai ser feito principalmente a partir dos exemplos do populismo de direita e do terrorismo.

No tocante ao populismo de direita são analisados os casos da Áustria (o papel de Jörg Haider e do Partido da Liberdade Austríaca – FPÖ), da Bélgica (o sucesso do Vlaams Block – VB, cujo nome depois mudou para Vlaams Belang) e da França (o papel do Front Nacional). A análise é feita tentando demonstrar os perigos que uma perspectiva de consenso pode trazer para a política democrática e a autora atribui o êxito desse populismo de direita justamente à ausência de uma fronteira clara entre a esquerda e a direita e da ausência de um debate agonístico entre os partidos democráticos. Infelizmente a reação dos partidos tradicionais a esse populismo de direita não passou por uma análise detalhada das causas políticas, sociais e econômicas desse fenômeno. Ao contrário, a autora argumenta ter havido uma condenação moral desses movimentos populistas. Esse acontecer da política na esfera moral coloca em risco a própria democracia, pois impede que os antagonismos assumam uma forma agonística para se expressar, já não sendo possível pensar o oponente como adversário mas sim como inimigo.

Ao voltar a atenção para os acontecimentos de 11 de setembro de 2001 a autora ressalta, mais uma vez, a importância do pensamento de Carl Schmitt. A partir de seu pensamento pode-se compreender o terrorismo como resultado de uma reconfiguração do político, característico de uma nova ordem mundial estruturada em torno de uma única superpotência. Nessa nova configuração a proliferação dos grupos terroristas seria uma reação ao poder hegemônico dos Estados Unidos. Mais uma vez a autora argumenta que justamente a ausência de um verdadeiro pluralismo é que impede que os conflitos assumam um caráter agonístico. Os oponentes, nesse estado de coisas, tornam-se inimigos no sentido schmittiano do termo – em relação aos quais se admite, inclusive, a possibilidade de eliminação física. Isso torna evidente os perigos de um discurso globalizante universalista, no qual o conflito e o antagonismo teriam sido eliminados. E põe em questão, também, a própria possibilidade de universalização da democracia liberal.

No Capítulo 4, o que se coloca em discussão é qual ordem mundial seria mais apropriada, se cosmopolita ou multipolar. Para Mouffe, uma perspectiva cosmopolita do mundo assume o falso pressuposto da negação do político e da incapacidade de compreensão do pluralismo que caracteriza as sociedades contemporâneas. Eis por que, nesse capítulo, o objetivo principal é advogar a conveniência de uma nova ordem mundial multipolar.

Iniciando pela análise do chamado transnacionalismo democrático – cujo principal objetivo seria a proteção do indivíduo na esfera mundial –, a autora vai argumentar que o seu principal "defeito" seria repetir os erros do liberalismo tradicional, ao acreditar que o Estado é o maior problema e que todas as soluções se encontram na sociedade civil.

A seguir é analisada a *democracia cosmopolítica*, a partir do pensamento de Daniele Archibugi e David Held. No centro dessa perspectiva está o reconhecimento da importância da democracia, da força de seus princípios e de sua incontestável legitimidade enquanto forma de governo. O que se propõe, então, é a sua expansão para além das fronteiras de uma única comunidade política. Porém, é claro que não se trata apenas de expandir o modelo democrático do âmbito de um Estado para a escala mundial e sim criar novas organizações globais, com o estabelecimento de procedimentos e instituições que configurem mais um nível de representação política. Isso não significaria o fim dos Estados-nação, os quais existiriam em paralelo a essas novas instituições. Mouffe questiona essa possibilidade pautada na diferença de poder entre as diferentes nações, no esvaziamento da soberania dela oriunda e no caráter fictício dos direitos dos novos cidadãos cosmopolitas, aos quais ela chama de *quimera*. A possibilidade de uma *governança global* vai também ser objeto de crítica, dada a sua natureza pós-política.

Também objeto de crítica é a proposta desenvolvida por Michael Hardt e Antonio Negri no livro *Empire* [Império]. Para Mouffe esses autores cometem o equívoco de negar a perspectiva política propriamente dita, acreditando que o poder pode ser apropriado e o antagonismo eliminado. Essa perspectiva é por ela conceituada como uma *versão ultraesquerdista da perspectiva cosmopolita*. Afirmando a retórica messiânica do livro a autora aponta os perigos inerentes a tal perspectiva da política.

Como alternativa a esse estado de coisas, Mouffe defende uma nova ordem mundial multipolar, onde o pluralismo seja realmente levado a sério. Reconhecendo as dificuldades empíricas de tal proposta (entre elas a supremacia inquestionável dos Estados Unidos), a autora aponta a necessidade de pluralização da hegemonia, o que ela acredita já estar acontecendo com a formação de blocos regionais, a ascensão da China no cenário mundial e outras iniciativas nesse mesmo sentido.

Como pensar o político nas sociedades contemporâneas? Todas as reivindicações são legítimas em uma sociedade radicalmente democrática e plural? Caso contrário, onde traçar a fronteira entre o que é legítimo e ilegítimo? Essas questões não admitem respostas fáceis ou apressadas e, ao final da obra, Mouffe tenta sintetizar algumas conclusões.

A primeira delas refere-se aos próprios limites do pluralismo e da democracia. Nem todas as lutas são legítimas dentro das sociedades democráticas e o debate agonístico não pode se dar em

PREFÁCIO À EDIÇÃO BRASILEIRA · XVII

torno de demandas que questionam a própria democracia ou suas instituições básicas. Nessa ótica, algumas exclusões são necessárias mas estas devem sempre ser encaradas em termos políticos e não morais.

Saindo do terreno doméstico e tendo em vista o cenário internacional, o pluralismo advogado por Mouffe pressupõe o abandono do modelo eurocêntrico e a necessidade de que sejam aceitas outras formas de organização e tradições que não as do Ocidente. Essa perspectiva tem sérias consequências no tocante aos direitos humanos, já que implica o questionamento da universalidade desses direitos. Nessa ótica, seria necessário "pluralizar" o debate acerca dos direitos humanos, de maneira que eles não sejam utilizados como instrumento de imposição da hegemonia ocidental. Por fim, a autora questiona o papel da Europa nesse cenário multipolar. Conclui que uma Europa verdadeiramente política só pode existir em relação a entes políticos específicos, com o reconhecimento e a valorização de tradições e interesses específicos e outras formas nacionais de organização democrática.

Pois bem, cabe agora ao leitor brasileiro acompanhar o percurso da autora nesta ousada porém sensível obra sobre o político. Nada mais oportuno em um momento em que a política democrática encontra por aqui alguns questionamentos e recuos com manifestações neofascistas diante das quais, mais do que nunca, é preciso radicalizar a democracia.

A iniciativa da editora WMF-Martins Fontes de publicar a tradução brasileira desta obra é, assim, não só muito bem-vinda, mas oportuna. Aliás, é a primeira vez que se publica no Brasil um livro da teórica da democracia radical, Chantal Mouffe.

Para mim é um enorme prazer e não menos desafiador prefaciá-lo, além de ter feito, em parceria com William Soares Pugliese, a revisão técnica da tradução. Conheço o trabalho e a autora desde o outono de 1998, quando tive a oportunidade de tê-la como supervisora de minha pesquisa no Centro para Estudos da Democracia na Universidade de Westminster, em Londres (setembro de 1998 a outubro de 1999). Nesses quase vinte anos de interlocução minha admiração pela obra e pela pessoa se renova na medida da sua permanente crítica e ousadia.

KATYA KOZICKI
*Pontifícia Universidade Católica do Paraná e*
*Universidade Federal do Paraná*
*Curitiba, abril de 2015.*

# Introdução

Neste livro pretendo discordar da visão que fundamenta o "senso comum" existente na maioria das sociedades ocidentais: a ideia de que o estágio de desenvolvimento econômico e político a que chegamos representa um avanço importante na evolução da humanidade e que deveríamos nos alegrar com as possibilidades que ele nos oferece. Sociólogos afirmam que entramos numa "segunda modernidade" na qual os indivíduos, liberados dos vínculos coletivos, passam então a cultivar diferentes estilos de vida sem serem incomodados por compromissos obsoletos. O "mundo livre" venceu o comunismo e, com o enfraquecimento das identidades coletivas, hoje é possível viver em um mundo "sem inimigos". Os conflitos sectários fazem parte do passado e o consenso pode ser alcançado por meio do diálogo. Graças à globalização e à universalização da democracia liberal, podemos esperar um futuro cosmopolita que nos trará paz, prosperidade e a implementação dos direitos humanos em todo o mundo.

Quero discordar dessa visão "pós-política". Meu alvo principal serão aqueles do campo progressista que aceitam essa perspectiva otimista da globalização e que se tornaram defensores de uma forma consensual de democracia. Examinando algumas das teorias em voga que sustentam o *Zeitgeist* pós-político num conjunto de áreas – sociologia, teoria política e relações internacionais –, sustentarei que essa é uma abordagem profundamente equivocada e que, em vez de contribuir para uma "democratização da democracia", ela se encontra na origem de muitos dos problemas que as instituições democráticas enfrentam atualmente. Conceitos como "democracia sem partidos", "democracia dialógica", "democracia cosmopolita", "boa governança", "sociedade civil global", "soberania cosmopolita" e "democracia absoluta" – para citar somente alguns dos conceitos atualmente em voga –, todos fazem parte de uma visão antipolítica comum que se recusa a aceitar a dimensão antagonística constitutiva de "o político". Seu propósito é criar um mundo que esteja "além da esquerda e da direita", "além da hegemonia", "além da soberania" e "além do antagonismo". Esse desejo revela uma absoluta falta de compreensão do que está em jogo na política democrática e da dinâmica da constituição de identidades políticas, e, como veremos, contribui para exacerbar o potencial de antagonismo presente na sociedade.

Uma parte importante da minha argumentação consistirá na análise das consequências da negação do antagonismo em diversas áreas, tanto na teoria como na política. Estou convencida de que imaginar o objetivo da política democrática em termos de consenso e reconciliação não é somente um equívoco conceitual, mas também algo que envolve inúmeros riscos políticos. O anseio por um mundo no qual a dicotomia nós/eles estaria superada está baseado em falsas premissas, e aqueles que compartilham essa visão certamente não compreendem a verdadeira tarefa que a política democrática tem diante de si.

Na verdade, a recusa em enxergar o antagonismo não é nova. Durante muito tempo a teoria democrática imbuiu-se da crença de que a bondade interior e a inocência original do ser humano eram condições necessárias para assegurar a viabilidade da democracia. Uma visão idealizada da sociabilidade humana, como algo induzido essencialmente pela empatia e pela reciprocidade, foi o que forneceu, no geral, as bases do moderno pensamento político democrático. A violência e a animosidade são consideradas um fenômeno arcaico que será eliminado graças ao avanço do diálogo e ao estabelecimento, por meio de um contrato social, de uma relação transparente entre indivíduos racionais. Aqueles que contestaram essa visão otimista foram automaticamente considerados como inimigos da democracia. Poucas tentativas foram feitas para elaborar o projeto democrático com base numa antropologia que reconheça o caráter ambivalente da sociabilidade humana e o fato de que não se pode dissociar reciprocidade de animosidade. E, apesar daquilo que aprendemos por meio de diferentes disciplinas, a antropologia otimista ainda predomina atualmente. Por exemplo, mais de meio século depois da morte de Freud, a resistência à psicanálise na teoria política é ainda extremamente forte, e suas lições acerca do caráter inerradicável do antagonismo ainda não foram assimiladas.

Defendo que a crença na possibilidade de um consenso racional universal pôs o pensamento democrático no caminho errado. Em lugar de tentar projetar as instituições que, por meio de procedimentos supostamente "imparciais", reconciliariam todos os interesses e valores contraditórios, a tarefa dos teóricos e políticos democráticos deve ser imaginar a criação de uma vibrante esfera pública "agonística" de contestação, na qual diferentes projetos políticos hegemônicos possam se confrontar. Essa é, do meu ponto de vista, a condição *sine qua non* de um efetivo exercício da democracia. Fala-se muito hoje em "diálogo" e "deliberação", mas qual o significado de tais palavras no campo político se não existe nenhuma escolha real ao nosso alcance e se os participantes do debate não são capazes de decidir entre alternativas claramente diferenciadas?

Eu não tenho dúvida de que os liberais que pensam ser possível chegar a um acordo racional na política e que consideram que as instituições democráticas são o veículo para encontrar a resposta racional aos diferentes problemas da sociedade irão acusar minha concepção do político de ser "niilista". E o mesmo farão aqueles da extrema esquerda que acreditam na possibilidade de uma "democracia absoluta". Não faz sentido tentar convencê--los de que minha abordagem agonística se caracteriza pela "verdadeira compreensão do político". Seguirei outro caminho. O que farei é: pôr em destaque as consequências para a política democrática de se negar "o político" tal como definido por mim. Revelarei como a abordagem consensual, em vez de criar as condições para a reconciliação da sociedade, leva ao surgimento de antagonismos que uma perspectiva agonística, ao oferecer a esses conflitos uma força legítima de expressão, teria conseguido evitar. Dessa forma espero demonstrar que reconhecer a inerradicabilidade da dimensão conflituosa da vida social, longe de solapar o projeto democrático, é a condição necessária para compreender o desafio diante do qual a política democrática se encontra.

Em razão do racionalismo costumeiro do discurso político liberal, foi geralmente entre teóricos conservadores que encontrei *insights* decisivos para uma compreensão adequada do político. Eles conseguem abalar mais nossas hipóteses dogmáticas que os apologistas liberais. É por isso que decidi conduzir minha crítica do pensamento liberal sob a égide de um polêmico pensador como Carl Schmitt. Estou convencida de que, como um dos mais brilhantes e intransigentes adversários do liberalismo, podemos aprender muito com ele. Tenho plena consciência de que, em razão de seu comprometimento com o nazismo, essa preferência pode provocar resistência. Muitas pessoas considerarão essa opção um tanto perversa, quando não completamente ultrajante. Acredito, porém, que é a força intelectual dos teóricos, e não seus atributos morais, que deve ser o critério determinante para decidir se é necessário estabelecer um diálogo com sua obra.

Considero a recusa de muitos teóricos democratas em se envolver com o pensamento de Schmitt por razões de ordem moral como típica da tendência moralista que é característica do *Zeitgeist* pós-político. Na verdade, a crítica dessa tendência está na essência da minha reflexão. Uma das teses centrais deste livro é que, contrariamente àquilo que os teóricos pós-políticos querem que acreditemos, o que testemunhamos atualmente não é o desaparecimento da dimensão antagônica do político, mas algo diferente. O que acontece é que hoje em dia o político é jogado para a *esfera moral*. Em outras palavras, ele ainda consiste numa dicotomia nós/eles, porém, em vez de ser definido por meio de categorias políticas, o nós/eles agora é estabelecido em termos morais. No lugar do conflito entre "direita e esquerda", vemo-nos diante do conflito entre "certo e errado".

No Capítulo 3, usando os exemplos do populismo de direita e do terrorismo, examinarei as consequências desse deslocamento tanto para a política doméstica como para a internacional, e revelarei os riscos que ele acarreta. Meu argumento é que, quando não existem canais disponíveis por meio dos quais os conflitos poderiam assumir uma forma "agonística", eles tendem a surgir de maneira antagonística. Ora, quando, em vez de ser formulado como um confronto político entre "adversários", o confronto nós/eles é visto como um confronto moral entre o bem e o mal, o oponente só pode ser percebido como um inimigo a ser destruído, e isso não favorece um tratamento agonístico. Daí a eclosão generalizada de antagonismos que questionam os próprios parâmetros da ordem existente.

Outra tese diz respeito à natureza das identidades coletivas que sempre acarretam uma dicotomia nós/eles. Elas desempenham um papel fundamental na política, e a tarefa da política democrática não é superá-las por meio do consenso, mas elaborá-las de uma forma que estimule o confronto democrático. O erro do racionalismo liberal é ignorar a dimensão afetiva que as identificações coletivas mobilizam e imaginar que essas supostas "paixões" arcaicas irão certamente desaparecer com o crescimento do individualismo e o avanço da racionalidade. É por essa razão que a teoria democrática se encontra tão despreparada para compreender a natureza dos movimentos políticos "de massa" e de fenômenos como o nacionalismo. O papel desempenhado pelas "paixões" na política revela que, para chegar a um acordo com "o político", não basta que a teoria liberal reconheça a existência de uma multiplicidade de valores e que exalte a tolerância. A política democrática não pode se limitar a estabelecer uma solução conciliatória entre interesses ou valores ou a deliberar acerca do bem comum; ela precisa apoiar-se concretamente nos desejos e nas fantasias do povo. Para ser capaz de mobilizar paixões que se voltem para projetos democráticos, a política democrática precisa possuir um caráter partidário. Na verdade, essa é a função da diferenciação entre esquerda e direita, e devemos resistir ao apelo dos teóricos pós-políticos para que pensemos "para além da esquerda e da direita".

Existe uma última lição que podemos extrair da reflexão sobre o "político". Se está excluída a possibilidade de se chegar a uma ordem "para além da hegemonia", qual a consequência disso para o projeto cosmopolita? Será que ele poderia ser algo mais que o estabelecimento da hegemonia mundial de uma potência que teria conseguido ocultar seu domínio identificando seus interesses com os interesses da humanidade? Contrariamente a inúmeros teóricos que consideram que o fim do sistema bipolar traz a esperança de uma democracia cosmopolita, sustentarei que só poderemos evitar os riscos que a atual ordem unipolar acarreta implementando um mundo multipolar, com um equilíbrio entre diversos polos regionais que permita a existência de uma pluralidade de potências hegemônicas. Essa é a única forma de evitar a hegemonia de uma única superpotência.

Na esfera do "político", vale a pena refletir sobre o *insight* fundamental de Maquiavel: "Em toda cidade nos deparamos com estes dois desejos diferentes... o homem do povo odeia ser mandado e oprimido por aqueles que são mais poderosos que ele. E os poderosos gostam de mandar no povo e de oprimi-lo." O que define a perspectiva pós-política é a afirmação de que entramos numa nova era em que esse antagonismo potencial desapareceu. E é por essa razão que ela pode pôr em risco o futuro da política democrática.

# 1. A política e o político

Este capítulo delineará o arcabouço teórico que embasa minha crítica ao atual *Zeitgeist* "pós-político". Seus princípios mais importantes foram desenvolvidos em diversas obras anteriores[1] de minha autoria; limitar-me-ei aqui aos aspectos que são relevantes para os argumentos apresentados neste livro. O mais importante refere-se à distinção que pretendo fazer entre a "política" e "o político". Na verdade, na linguagem corrente não é muito comum se falar sobre "o político"; penso, porém, que essa distinção abre novos e importantes caminhos de reflexão, e muitos teóricos políticos a estão adotando. A dificuldade, contudo, é que não há um acordo entre eles quanto ao significado atribuído aos respectivos termos, o que pode causar uma certa confusão. Não obstante, existem algumas coisas em comum que podem servir de referência. Por exemplo, o fato de fazer essa distinção sugere que existem dois tipos diferentes de abordagem: o da ciência política, que lida com o campo empírico da "política", e o da teoria política, esfera de ação dos filósofos, que não investigam os fatos da "política", mas a essência do "político". Se quiséssemos expressar essa distinção de maneira filosófica, poderíamos dizer, recor-

---

[1] Ernesto Laclau e Chantal Mouffe, *Hegemony and Socialist Strategy: Towards a Radical Democratic Politics*, Londres, Verso, 1985; Chantal Mouffe, *The Return of the Political*, Londres, Verso, 1993; Chantal Mouffe, *The Democratic Paradox*, Londres, Verso, 2000.

rendo ao repertório heideggeriano, que a política se refere ao nível "ôntico", enquanto "o político" tem a ver com o nível "ontológico". Isso significa que o ôntico tem a ver com as diferentes práticas da política convencional, enquanto o ontológico refere-se precisamente à forma em que a sociedade é fundada.

Mas isso ainda deixa aberta a possibilidade de uma enorme discordância a respeito daquilo que constitui "o político". Alguns teóricos, como Hannah Arendt, encaram o político como um espaço de liberdade e de discussão pública, enquanto outros o consideram um espaço de poder, de conflito e de antagonismo. Minha compreensão do "político" faz parte, evidentemente, da segunda perspectiva. Mais precisamente, é assim que diferencio "o político" da "política": entendo por "o político" a dimensão de antagonismo que considero constitutiva das sociedades humanas, enquanto entendo por "política" o conjunto de práticas e instituições por meio das quais uma ordem é criada, organizando a coexistência humana no contexto conflituoso produzido pelo político.

A minha principal área de investigação deste livro diz respeito às práticas da política democrática, e está, portanto, localizada no nível "ôntico". Não obstante, sustento que é a falta de compreensão do "político" em sua dimensão ontológica que está na origem da atual incapacidade de pensar de forma política. Embora uma parte significativa de minha argumentação seja de natureza teórica, meu objetivo principal é político. Estou convencida de que o que está em jogo na discussão acerca da natureza do "político" é o próprio futuro da democracia. Pretendo demonstrar como a abordagem racionalista que predomina na teoria democrática nos impede de fazer as perguntas que são cruciais para a política democrática. É por essa razão que precisamos urgentemente de uma abordagem alternativa que nos permita compreender os desafios que estão colocados hoje para a política democrática.

## O POLÍTICO COMO ANTAGONISMO

O ponto de partida da minha investigação é nossa atual incapacidade de enfrentar, de *maneira política*, os problemas que se apresentam às nossas sociedades. Quero dizer com isso que questões políticas não são simplesmente problemas técnicos que devem ser resolvidos por especialistas. Questões estritamente políticas sempre envolvem decisões que exigem que se escolha entre alternativas conflitantes. Sustentarei que essa incapacidade de pensar politicamente se deve, em grande medida, à indiscutível hegemonia do liberalismo, e dedicarei uma parte importante da minha reflexão à análise do impacto das ideias liberais nas ciências humanas e na política. Meu propósito é pôr em evidência a principal deficiência do liberalismo no campo político: sua negação do caráter inerradicável do antagonismo. "Liberalismo", tal como o interpreto no presente contexto, refere-se a um discurso filosófico com inúmeras variáveis, unidas não por uma essência comum, mas por uma infinidade de "semelhanças de família", nas palavras de Wittgenstein. Existem, na verdade, inúmeros liberalismos, alguns mais progressistas que outros; porém, salvo raras exceções (Isaiah Berlin, Joseph Raz, John Gray e Michael Walzer, entre outros), a tendência predominante no pensamento liberal se caracteriza por uma abordagem racionalista e individualista que impede o reconhecimento da natureza das identidades coletivas. Esse tipo de liberalismo é incapaz de compreender de maneira adequada a natureza pluralista do mundo social, com os conflitos que o pluralismo acarreta; conflitos para os quais jamais poderá existir qualquer solução racional. A típica interpretação liberal do pluralismo é que vivemos num mundo em que existe, de fato, um grande número de pontos de vista e de valores, e que, devido às limitações empíricas, eles nunca poderão ser adotados em conjunto, mas que, ao serem reunidos, constituem um conjunto harmonioso e não conflitante. É por essa razão que esse tipo de liberalismo precisa negar o político em sua dimensão antagonística.

A objeção mais radical ao liberalismo, assim entendido, encontra-se na obra de Carl Schmitt, cuja crítica provocativa irei mobilizar no confronto com as hipóteses liberais. Em *O conceito do político*, Schmitt declara, sem rodeios, que o genuíno e rigoroso princípio liberal não poderia dar origem a uma concepção que fosse inequivocamente política. Em sua visão, todo individualismo coerente precisa negar o político, uma vez que ele exige que o ponto de referência fundamental continue sendo o indivíduo. Diz ele: "De maneira bastante sistemática, o pensamento liberal evita ou ignora o Estado e a política, movendo-se, em vez disso, numa típica polaridade recorrente entre duas esferas heterogêneas, a saber, ética e economia, intelecto e comércio, educação e propriedade. A profunda desconfiança do Estado e da política é facilmente explicada pelos princípios de um sistema segundo o qual o indivíduo precisa continuar sendo *terminus a quo* e *terminus ad quem*."[2] O individualismo metodológico que caracteriza o pensamento liberal impossibilita a compreensão da natureza das identidades coletivas. Para Schmitt, porém, a medida do político, suas *differentia specifica*, é a dicotomia amigo/inimigo. Ele lida com a formação de um "nós" contrário a um "eles", e está sempre relacionado a formas coletivas de identificação; ele tem a ver com conflito e antagonismo, sendo, portanto, a esfera da decisão, não do livre debate. O político, como diz ele, "pode ser compreendido somente no contexto dos grupamentos amigo/inimigo, malgrado as perspectivas que essa possibilidade pressupõe com relação à moralidade, à estética e à economia"[3].

Um aspecto fundamental da abordagem de Schmitt é que, ao demonstrar que todo consenso se baseia em atos de exclusão, ela revela a impossibilidade de um consenso "racional" plenamente inclusivo. Ora, como indiquei, depois do individualismo, o outro traço fundamental da maior parte do pensamento liberal é a

---

[2] Carl Schmitt, *The Concept of the Political*, New Brunswick, Rutgers University Press, 1976, p. 70.
[3] Ibid., p. 35.

crença racionalista na viabilidade de um consenso universal baseado na razão. Portanto, não é de admirar que o político constitua seu ponto cego. O político não pode ser compreendido pelo racionalismo liberal pela simples razão de que todo liberalismo coerente exige a negação da irredutibilidade do antagonismo. O liberalismo tem de negar o antagonismo porque, ao pôr em primeiro plano o incontornável momento de decisão – no sentido profundo de ter de decidir em um terreno indefinido –, o que o antagonismo revela é o próprio limite de qualquer consenso racional. Na medida em que o pensamento liberal adere ao individualismo e ao racionalismo, sua cegueira frente ao político em sua dimensão antagonística não é, portanto, mera omissão empírica, mas uma omissão constitutiva.

Schmitt chama a atenção para o fato de que "existe um projeto liberal sob a forma de uma polêmica antítese contra o Estado, a Igreja ou outras instituições que restrinjam a liberdade individual. Existe um projeto liberal para o comércio, a Igreja e a educação, mas, indubitavelmente, não existe política liberal, apenas uma crítica liberal da política. A teoria sistemática do liberalismo preocupa-se quase que unicamente com o combate interno do poder do Estado"[4]. Contudo, diz ele, a tentativa liberal de aniquilar o político está fadada ao fracasso. O político nunca pode ser erradicado porque consegue extrair sua força dos mais diversos empreendimentos humanos: "toda antítese religiosa, moral, econômica, ética ou outra transforma-se numa antítese política se for suficientemente forte para reunir eficazmente os seres humanos em grupos de amigos e inimigos"[5].

Embora *O conceito do político* tenha sido publicado originalmente em 1932, a crítica de Schmitt é mais relevante hoje do que nunca. Se examinarmos a evolução do pensamento liberal desde então, verificaremos que ele tem se movido, de fato, entre a economia e a ética. De modo geral, podemos destacar hoje dois pa-

[4] Ibid., p. 70
[5] Ibid., p. 37.

radigmas liberais essenciais. O primeiro, chamado às vezes de "agregativo", encara a política como o estabelecimento de um compromisso entre forças sociais concorrentes e discordantes. Os indivíduos são retratados como seres racionais, movidos pela maximização de seus próprios interesses e que atuam no mundo político de uma forma basicamente operacional. É a ideia de mercado aplicada à esfera da política, que é compreendida com conceitos emprestados da economia. O outro paradigma, o "deliberativo", desenvolvido como reação a esse modelo instrumental, busca criar uma ligação entre moralidade e política. Seus defensores querem substituir a racionalidade instrumental pela racionalidade comunicativa. Eles apresentam o debate político como um campo específico de aplicação da moralidade e acreditam que é possível criar, na esfera da política, um consenso moral racional por meio da discussão livre. Nesse caso, a compreensão da política não se dá por meio da economia, mas por meio da ética ou da moralidade.

O desafio que Schmitt apresenta à concepção racionalista do político é claramente aceito por Jürgen Habermas, um dos principais defensores do modelo deliberativo, que tenta exorcizá-lo declarando que aqueles que põem em dúvida a possibilidade desse consenso racional e que afirmam que a política é uma esfera na qual devemos sempre esperar encontrar a discórdia solapam a própria possibilidade de democracia. Ele afirma que "Se as questões de justiça não podem transcender o autoconhecimento ético de formas de vida concorrentes, e se valores, conflitos e antagonismos relevantes existencialmente têm de impregnar todas as questões controvertidas, então, no final das contas, vamos terminar com algo parecido àquilo que Carl Schmitt entendia por política."[6]

Contrariamente a Habermas e a todos aqueles que afirmam que tal compreensão do político é antitética ao projeto democrático, permito-me sugerir que a ênfase de Schmitt na possibilidade

---

[6] Jürgen Habermas, "Reply to Symposium Participants", *Cardozo Law Review*, Vol. 17, 4-5, março de 1996, p. 1943.

sempre existente de fazer a distinção amigo/inimigo e a natureza conflituosa da política constituem o ponto de partida indispensável para pensar os objetivos da política democrática. Somente reconhecendo a dimensão antagonística do "político" é que podemos avançar a questão fundamental da democracia política. Essa questão, *pace* os teóricos liberais, não é como negociar um compromisso entre interesses contrários, nem é como alcançar um consenso "racional", ou seja, totalmente inclusivo, sem nenhuma exclusão. Apesar daquilo que muitos liberais nos querem fazer acreditar, a especificidade da política democrática não é a superação da oposição nós/eles, mas a forma diferente pela qual ela se estabelece. O que a democracia exige é que formulemos a distinção nós/eles de um modo que seja compatível com a aceitação do pluralismo, que é constitutivo da democracia moderna.

## Pluralismo e relação amigo/inimigo

Naturalmente, nesta altura devemos deixar a companhia de Schmitt, que defendia de maneira inflexível que não existe lugar para o pluralismo dentro de uma comunidade política democrática. A democracia, tal como ele a entendia, requer a existência de um *demos* homogêneo, o que exclui qualquer possibilidade de pluralismo. É por essa razão que ele via uma contradição insuperável entre o pluralismo liberal e a democracia. Para ele, o único pluralismo possível e legítimo é o pluralismo de nações. Sugiro, então, que pensemos "com Schmitt contra Schmitt", usando sua crítica do individualismo liberal para propor uma nova compreensão da política democrática liberal em vez de acompanhar Schmitt quando ele a rejeita.

A meu ver, um dos principais *insights* de Schmitt é a tese de que as identidades políticas consistem num certo tipo de relação nós/eles, a relação amigo/inimigo que pode surgir de formas extremamente diversas de relações sociais. Ao destacar o caráter relacional das identidades políticas, ele antecipa diversas correntes de pensamento, como o pós-estruturalismo, que irá enfatizar mais tarde a natureza relacional de todas as identidades. Hoje, graças a esses desdobramentos teóricos mais recentes, estamos em condições de elaborar melhor aquilo que Schmitt enfaticamente afirmou, mas não teorizou. O nosso desafio é desenvolver seus *insights* numa direção diferente e visualizar outras interpretações da distinção amigo/inimigo, interpretações essas que sejam compatíveis com o pluralismo democrático.

Descobri que o conceito de "exterioridade constitutiva" é particularmente útil para tal projeto por revelar o que está em jogo na constituição da identidade. Esse termo foi proposto por Henry Staten[7] para se referir a inúmeros temas desenvolvidos por Jacques Derrida em torno de conceitos como *"supplement"*, *"trace"* e *"différeance"*. O objetivo é ressaltar o fato de que a criação de uma identidade implica o estabelecimento de uma diferença, diferença essa que muitas vezes se constrói com base numa hierarquia: por exemplo, entre forma e conteúdo, preto e branco, homem e mulher etc. Uma vez tendo compreendido que toda identidade é relacional e que a afirmação de uma diferença é a precondição para a existência de qualquer identidade – ou seja, a percepção de um "outro" que constitui seu "exterior" –, creio que estaremos em melhores condições de compreender o argumento de Schmitt a respeito da possibilidade sempre presente do antagonismo e de perceber como uma relação social pode se transformar no terreno fértil para o antagonismo.

No campo das identidades coletivas, estamos sempre lidando com a criação de um "nós" que só pode existir pela demarcação de um "eles". Isso não quer dizer, naturalmente, que tal relação seja necessariamente uma relação amigo/inimigo, ou seja, uma relação antagonística. Mas devemos reconhecer que, em determinadas situações, existe sempre a possibilidade de que essa relação

[7] Henry Staten, *Wittgenstein and Derrida*, Oxford, Basil Blackwell, 1985.

nós/eles possa *se tornar* antagonística, isto é, que ela possa se *tornar* uma relação de amigo/inimigo. Isso acontece quando se acredita que o "eles" está questionando a identidade do "nós" e ameaçando sua existência. Dali em diante, como comprova o exemplo da desintegração da Iugoslávia, toda forma de relação nós/eles – seja ela religiosa, étnica, econômica ou de outro tipo – torna-se um espaço de antagonismo.

Para Schmitt, naturalmente, para que essa relação nós/eles fosse política ela teria de assumir a forma antagonística de uma relação amigo/inimigo. É por essa razão que ele não podia aceitar sua presença no interior da comunidade política. E ele certamente tinha razão em advertir contra os riscos que o antagonismo pluralista traz para a sobrevivência do ente político. No entanto, como argumentarei logo mais, a distinção amigo/inimigo pode ser considerada simplesmente como uma das formas possíveis de expressão da dimensão antagonística que é constitutiva do político. Ao mesmo tempo que reconhecemos a sempre presente possibilidade do antagonismo, também podemos imaginar outros métodos políticos de construção do nós/eles. Se formos nessa direção, perceberemos que o desafio que se coloca à política democrática é tentar manter sob controle o surgimento do antagonismo por meio da introdução de uma forma diferente de nós/eles.

Antes de me estender mais nessa questão, vamos extrair uma primeira conclusão teórica das reflexões feitas até aqui. Nesta etapa, o que se pode afirmar é que a distinção nós/eles, que é a condição da possibilidade de formação de identidades políticas, sempre pode se tornar um espaço de antagonismo. Uma vez que todas as formas de identidade política envolvem uma distinção nós/eles, isso significa que nunca podemos eliminar a possibilidade do surgimento de antagonismos. Portanto, é uma ilusão acreditar no advento de uma sociedade da qual o antagonismo tivesse sido erradicado. Como diz Schmitt, o antagonismo é uma possibilidade que está sempre presente; o político faz parte da nossa condição ontológica.

## Política como hegemonia

Depois do antagonismo, o conceito de hegemonia é a ideia-chave para tratar da questão do "político". Para dar conta do "político" como possibilidade sempre presente de antagonismo é preciso aceitar a inexistência de uma situação definitiva e reconhecer a dimensão de irredutibilidade que permeia toda ordem. Em outras palavras, é preciso reconhecer o caráter hegemônico de todos os tipos de ordem social e o fato de que toda sociedade é o resultado de um conjunto de práticas que tentam estabelecer ordem em um contexto de contingência. Como sugere Ernesto Laclau: "As duas características principais de uma intervenção hegemônica são, nesse sentido, o caráter 'contingente' das articulações hegemônicas e seu caráter 'constitutivo', no sentido de que elas instituem relações sociais no sentido primário, não dependentes de qualquer racionalidade social *a priori*."[8] O político está identificado com os atos da instituição da hegemonia. É nesse sentido que temos de diferenciar o social do político. O social é a esfera das práticas sedimentadas, ou seja, das práticas que encobrem os atos originais de sua instituição política contingente e que são aceitas sem contestação, como se fossem autojustificáveis. Práticas sociais sedimentadas são uma parte constitutiva de qualquer sociedade viável; nem todos os laços sociais são questionados ao mesmo tempo. Desse modo, o social e o político possuem o *status* daquilo que Heidegger denominava *existenciais*, isto é, dimensões indispensáveis de qualquer vida em sociedade. Se o político – entendido no sentido hegemônico – implica a visibilidade dos atos da instituição social, é impossível determinar *a priori* o que é social e o que é político independentemente de qualquer referência contextual. Não se deve considerar a sociedade como o desdobramento de uma lógica externa a si própria, qualquer que seja a origem dessa lógica: forças produtivas, desen-

---

[8] Ernesto Laclau, *Emancipation(s)*, Londres, Verso, p. 90.

volvimento do que Hegel denominava de Espírito Absoluto, leis da história etc. Toda ordem é a articulação temporária e precária de práticas contingentes. A fronteira entre o social e o político é essencialmente instável, exigindo constantes deslocamentos e renegociações entre os agentes sociais. Como existe sempre a possibilidade de que as coisas sejam diferentes, toda ordem se baseia na exclusão das outras possibilidades. É nesse sentido que podemos chamá-la de "política", já que expressa uma estrutura específica de relações de poder. O poder é constitutivo do social porque este não poderia existir sem as relações de poder por meio das quais ele assume sua forma. O que num determinado momento é considerado a ordem "natural" – juntamente com o "senso comum" que a acompanha – é o resultado de práticas sedimentadas, nunca a manifestação de uma objetividade mais profunda externa às práticas que lhe dão forma.

Para fazer uma síntese desse tema: toda ordem é política e se baseia em alguma forma de exclusão. Sempre existem outras possibilidades, que foram reprimidas e que podem ser reativadas. As práticas de articulação por meio das quais se estabelece uma determinada ordem e se determina o significado das instituições sociais são "práticas hegemônicas". Toda ordem hegemônica é passível de ser desafiada por práticas anti-hegemônicas, isto é, práticas que tentarão desarticular a ordem existente para instalar outra forma de hegemonia.

No que diz respeito às identidades coletivas, encontramo-nos numa situação semelhante. Já vimos que, na verdade, as identidades são o resultado de processos de identificação e que elas nunca podem ser inteiramente determinadas. Nunca somos confrontados com oposições "nós/eles" que expressem identidades essencialistas preexistentes ao processo de identificação. Além do mais, uma vez que, como enfatizei, o "eles" representa a condição de possibilidade do "nós", sua "exterioridade constitutiva", isso quer dizer que a constituição de um "nós" específico depende sempre do tipo de "eles" do qual o "nós" se diferencia. Essa questão é crucial, porque nos permite imaginar a possibilidade de haver diferentes tipos de relação nós/eles, segundo a forma como o "eles" for construído. Desejo enfatizar esses aspectos teóricos porque eles constituem a estrutura indispensável para a abordagem alternativa da política democrática defendida por mim. Para postular a inerradicabilidade do antagonismo, enquanto afirmamos simultaneamente a possibilidade do pluralismo democrático, é preciso argumentar contra Schmitt que essas duas afirmações não se anulam reciprocamente. Neste caso, a questão crucial é demonstrar como transformar o antagonismo para que ele disponibilize uma forma de oposição nós/eles que seja compatível com a democracia pluralista. Sem essa possibilidade, só nos restam as seguintes alternativas: acreditar, como Schmitt, na natureza contraditória da democracia liberal ou, como os liberais, na eliminação do modelo adversarial como um passo a mais na direção da democracia. No primeiro caso, embora se reconheça o político, exclui-se a possibilidade de uma ordem democrática pluralista; no segundo, postula-se uma visão de democracia liberal totalmente inadequada e antipolítica, cujas consequências negativas iremos examinar nos próximos capítulos.

## Qual nós/eles para uma política democrática?

De acordo com a análise anterior, parece que uma das principais tarefas da política democrática é neutralizar o antagonismo potencial que existe nas relações sociais. Se aceitarmos que isso não pode ser feito transcendendo a relação nós/eles, mas somente elaborando-a de uma forma diferente, deparamo-nos então com a seguinte pergunta: o que constituiria uma relação de antagonismo "domesticada", que forma de nós/eles ela implicaria? Para ser aceito como legítimo, o conflito precisa assumir uma forma que não destrua o ente político. Isso significa que é preciso existir algum tipo de vínculo comum entre as partes em conflito, para que elas não tratem seus oponentes como inimigos que devem ser erradicados nem considerem que suas pretensões são ilegítimas, que é exatamente o que acontece com a relação antagonística amigo/inimigo. No entanto, os oponentes não podem ser simplesmente considerados como concorrentes cujos interesses podem ser tratados por meio de uma simples negociação ou acomodados por meio da discussão, porque, nesse caso, o elemento antagonístico teria sido simplesmente eliminado. Se por um lado queremos reconhecer a permanência da dimensão antagonística do conflito, e por outro permitir a possibilidade de que ele seja "domesticado", é necessário considerar um terceiro tipo de relação. É esse tipo de relação que eu sugeri chamar de "agonismo"[9].

Enquanto o antagonismo é uma relação nós/eles em que os dois lados são inimigos que não possuem nenhum ponto em comum, o agonismo é uma relação nós/eles em que as partes conflitantes, embora reconhecendo que não existe nenhuma solução racional para o conflito, ainda assim reconhecem a legitimidade de seus oponentes. Eles são "adversários", não inimigos. Isso quer dizer que, embora em conflito, eles se consideram pertencentes ao mesmo ente político, partilhando um mesmo espaço simbólico dentro do qual tem lugar o conflito. Poderíamos dizer que a tarefa da democracia é transformar antagonismo em agonismo.

É por essa razão que "o adversário" é uma categoria crucial para a política democrática. O modelo adversarial tem de ser considerado constitutivo da democracia porque ele permite que a política democrática transforme antagonismo em agonismo. Em outras palavras, ele nos ajuda a imaginar como a dimensão do antagonismo pode ser "domesticada", graças ao estabelecimento de instituições e de práticas pelas quais o antagonismo potencial

---

[9] Essa ideia de "agonismo" está explicada no capítulo 4 do livro *The Democratic Paradox*, de minha autoria. Na verdade, não sou a única pessoa que utiliza esse termo, e atualmente existe um grande número de teóricos "agonísticos". Não obstante, eles geralmente consideram o político como um espaço de liberdade e discussão, enquanto para mim ele é um espaço de conflito e antagonismo. É isso que diferencia minha perspectiva agonística da defendida por William Connolly, Bonnie Honig ou James Tully.

pode ser desenvolvido de forma agonística. Como defenderei em diversas passagens do livro, enquanto houver canais políticos legítimos para que as vozes discordantes se manifestem, a probabilidade de surgirem conflitos antagonísticos é menor. Caso contrário, a discordância tende a assumir formas violentas, e isso vale tanto para a política interna como para a internacional.

Gostaria de ressaltar que o conceito de "adversário" adotado por mim precisa ser claramente diferenciado da interpretação que o discurso liberal dá a esse termo, isso porque, a meu ver, a presença do antagonismo não é eliminada, mas "sublimada", por assim dizer. Para os liberais, o adversário é um simples competidor. Para eles, o espaço da política é um terreno neutro no qual grupos diferentes competem pelas posições de poder; seu objetivo é simplesmente desalojar os outros para ocupar seu lugar. Eles não questionam a hegemonia dominante, e não existe nenhuma tentativa de transformar profundamente as relações de poder. Trata-se simplesmente de uma competição entre elites.

O que está em jogo no conflito agonístico, ao contrário, é a própria configuração das relações de poder em torno das quais a sociedade está estruturada: é um conflito entre projetos hegemônicos opostos que jamais pode ser acomodado racionalmente. Embora a dimensão antagonística nunca deixe de estar presente e o confronto seja real, ele se desenvolve sob condições que são reguladas por um conjunto de procedimentos democráticos aceitos pelos adversários.

## Canetti sobre o sistema parlamentar

Elias Canetti é um dos autores que compreendeu perfeitamente que a tarefa da política democrática era estabelecer relações "agonísticas". Em algumas páginas brilhantes de *Massa e poder* dedicadas à análise da natureza do sistema parlamentar, no capítulo "A massa na história", Canetti demonstra como esse sistema utiliza a estrutura psicológica de exércitos que se contrapõem e encena uma forma de guerra que abriu mão de matar. Segundo ele:

> A votação parlamentar nada mais faz do que verificar a força relativa dos dois grupos num determinado momento e lugar. Não basta sabê-lo de antemão. Um partido pode ter 360 membros e o outro somente 240, mas a votação efetiva é decisiva como o momento em que um é realmente avaliado em comparação com o outro. Isso é tudo que restou do choque mortal original, esgotando-se de formas diferentes, com ameaças, insultos e provocações físicas que podem terminar em socos e tiros. Mas a contagem de votos encerra a batalha.[10]

Mais adiante ele acrescenta: "A solenidade de todas essas atividades decorre da renúncia à morte como instrumento de decisão. Cada voto põe a morte, por assim dizer, de um dos lados. Mas o efeito que a morte teria tido sobre a força do inimigo é meticulosamente registrado em números; e qualquer um que adultere esses números, que os destrua ou falsifique, permite, sem se dar conta, que a morte retorne."[11]

Esse é um excelente exemplo de como é possível transformar inimigos em adversários, e, nesse caso, percebemos claramente como, graças às instituições democráticas, conflitos podem ser encenados de uma forma que não é antagonística, mas agonística. Segundo Canetti, a democracia moderna e o sistema parlamentar não devem ser considerados como uma etapa na evolução da humanidade na qual as pessoas, tendo se tornado mais racionais, conseguem então agir racionalmente, seja para favorecer seus interesses, seja para exercer o uso público da razão, de acordo com os termos utilizados pelos modelos agregativo e deliberativo. Ele ressalta ainda que:

> Ninguém nunca acreditou realmente que a decisão da maioria é necessariamente a mais inteligente porque recebe uma quantidade maior de votos. Como na guerra, é vontade contra vontade. Cada um está

---

[10] Elias Canetti, *Crowds and Power*, Londres, Penguin, 1960, p. 220.
[11] Ibid., p. 222.

convencido de que o direito e a razão estão do seu lado. Como não é difícil se convencer, o partido serve justamente para manter vivas essa vontade e essa convicção. O membro do partido derrotado aceita a decisão da maioria não por ter deixado de acreditar em sua própria causa, mas simplesmente porque aceita a derrota.[12]

Considero a abordagem de Canetti bastante esclarecedora. Ele faz com que compreendamos o importante papel que o sistema parlamentar desempenha na transformação do antagonismo em agonismo e na elaboração de um nós/eles compatível com o pluralismo democrático. Quando as instituições parlamentares são destruídas ou enfraquecidas, a possibilidade de um confronto agonístico desaparece, e o espaço é ocupado por um nós/eles antagonístico. Considerem, por exemplo, o caso da Alemanha e o modo pelo qual, com o colapso da política parlamentar, os judeus se tornaram um "eles" antagonístico. Eu penso que isso é algo que merece reflexão por parte daqueles da esquerda que se opõem à democracia parlamentar!

Existe outro aspecto da obra de Canetti – suas reflexões sobre o fenômeno da "multidão" – que oferece importantes *insights* para a crítica da perspectiva racionalista predominante na teoria política liberal. Examinando minuciosamente a atração permanente que os diversos tipos de multidão exerceram em todos os tipos de sociedade, ele atribui esse fenômeno aos impulsos diferentes que movem os agentes sociais. De um lado existe o que pode ser descrito como um impulso para a individualidade e a singularidade. Mas existe outro impulso que faz com que as pessoas queiram se tornar parte da multidão para se perder num momento de fusão com as massas. Para ele, essa atração pela multidão não é algo arcaico e pré-moderno, destinado a desaparecer com os avanços da modernidade; é parte fundamental da estrutura psicológica do ser humano. A recusa de aceitar essa tendência é que está na origem da incapacidade da abordagem raciona-

[12] Ibid., p. 221.

lista de lidar com movimentos de massa de natureza política, que ela tende a considerar como uma expressão de forças irracionais ou um "retorno ao arcaico". Ao contrário, uma vez aceito, juntamente com Canetti, que a atração pela "multidão" estará sempre conosco, temos de abordar a política democrática de uma forma diferente, lidando com o problema de como mobilizá-la de modo a não ameaçar as instituições democráticas.

Nesse caso, estamos diante da dimensão daquilo que sugeri chamar de "paixões" quando me referi aos vários impulsos emocionais que se encontram na origem das formas de identificação coletivas. Ao enfatizar o cálculo racional de interesses (modelo agregativo) ou a deliberação moral (modelo deliberativo), a teoria política democrática em vigor é incapaz de reconhecer o papel das "paixões" como uma das forças motrizes do campo da política, ficando impotente quando se vê diante de suas diferentes manifestações. Ora, isso é coerente com a recusa em aceitar a sempre presente possibilidade de antagonismo e com a crença de que, na medida em que é racional, a política democrática pode ser interpretada invariavelmente em termos de ações individuais. Caso não seja possível, isso se deve necessariamente ao atraso. Como veremos no próximo capítulo, é assim, por exemplo, que os defensores da "modernização reflexiva" interpretam qualquer tentativa de discordar de suas teses.

Considerando a ênfase posta atualmente no consenso, não surpreende que as pessoas se interessem cada vez menos pela política e que o índice de abstenção esteja aumentando. A mobilização exige politização, mas esta não pode existir sem a criação de uma representação conflituosa do mundo, com campos opostos com os quais as pessoas possam se identificar, permitindo assim que as paixões sejam mobilizadas politicamente no âmbito do processo democrático. Tomemos por exemplo o caso do voto. O que a abordagem racionalista é incapaz de compreender é que o que leva as pessoas a votar vai muito além da simples defesa de seus interesses. Existe uma importante dimensão afetiva no ato de votar e o que está em jogo ali é uma questão de identificação. Para agir politicamente, as pessoas precisam ser capazes de se identificar com uma identidade coletiva que ofereça uma ideia de si próprias que elas possam valorizar. O discurso político não tem para oferecer somente programas políticos, mas também identidades que possam ajudar as pessoas a compreender o que estão vivenciando e lhes dê esperança para o futuro.

## Freud e identificação

É crucial, portanto, levar em consideração a dimensão afetiva da política e isso requer um profundo envolvimento com a psicanálise. A análise do processo de "identificação" feita por Freud apresenta a ação do investimento libidinal na criação das identidades coletivas e fornece pistas importantes relacionadas ao surgimento dos antagonismos. Em *O mal-estar na civilização*, ele apresenta uma visão de sociedade em permanente ameaça de dissolução devido à tendência à hostilidade presente nos seres humanos. Segundo ele, "os homens não são criaturas bondosas que desejam ser amadas e que, no máximo, podem se defender se forem atacadas; pelo contrário, são criaturas entre cujos atributos instintivos deve-se computar uma poderosa parcela de agressividade"[13]. Para controlar esses instintos agressivos, a civilização precisa utilizar diferentes métodos. Um deles consiste em promover os laços comunitários mobilizando os instintos libidinais do amor. Como ele afirma em *Psicologia de grupo e análise do ego*, "evidentemente, o que mantém um grupo unido é algum tipo de poder: e que poder realizaria melhor essa façanha do que Eros, que mantém unidas todas as coisas do mundo?"[14]. O propó-

---

[13] Sigmund Freud, *Civilization and Its Discontents*, Edição Standard, Vol. XXI, Londres, Vintage, 2001, p. 111.
[14] Sigmund Freud, *Group Psychology and the Analysis of the Ego*, Edição Standard, Vol. XVIII, Londres, Vintage, 2001, p. 92.

sito é estabelecer uma profunda identificação entre os membros da comunidade, uni-los numa identidade comum. Uma identidade coletiva, um "nós", o resultado de um investimento libidinal, mas isto implica necessariamente a definição de um "eles". Para se ter certeza, Freud não considerava toda oposição como inimizade, mas tinha consciência de que havia sempre a possibilidade de que ela se tornasse inimizade. Como ele sinaliza, "É sempre possível manter unido um grupo considerável de pessoas por meio do amor, desde que haja outras pessoas que possam receber as manifestações de agressividade do grupo"[15]. Nesse caso, a relação nós/eles torna-se uma relação de inimizade, ou seja, torna-se antagonística.

Segundo Freud, a evolução da civilização caracteriza-se pela luta entre dois tipos básicos de instintos libidinais: Eros, o instinto da vida, e Tânatos, o instinto da agressividade e da destruição. Ele também ressaltou que "os dois tipos de instinto raramente – talvez nunca – aparecem isolados um do outro, mas mesclados entre si em proporções variadas e bem diferentes, tornando-se, portanto, irreconhecíveis ao nosso julgamento"[16]. Embora jamais se consiga eliminar o instinto agressivo, é possível tentar desarmá-lo, por assim dizer, e enfraquecer seu potencial destrutivo por meio de diversos métodos que Freud discute no livro. O que pretendo sugerir é que, compreendidas de maneira agonística, as instituições democráticas podem contribuir para desarmar as forças libidinais que conduzem à animosidade, sempre presente nas sociedades humanas.

Podemos alcançar outros *insights* a partir da obra de Jacques Lacan, o qual, ao desenvolver a teoria freudiana, introduziu o conceito de "gozo" (*jouissance*), que é extremamente importante para investigar o papel das paixões na política. Como observou Yannis Stavrakakis, segundo a teoria lacaniana, o que possibilita a per-

---

[15] Sigmund Freud, *Civilization and Its Discontents*, Edição Standard, Vol. XXI, Londres, Vintage, 2001, p. 114.
[16] Ibid., p. 119.

sistência de formas de identificação sociopolítica é o fato de que elas oferecem ao agente social uma forma de *jouissance*. Em suas palavras:

> A problemática do gozo ajuda-nos a resolver de forma concreta o que está em jogo na identificação sociopolítica e na formação da identidade, sugerindo que o apoio às fantasias sociais tem origem, em parte, na *jouissance* do corpo. Segundo a teoria lacaniana, o que está em jogo nessas esferas não é apenas a coerência simbólica e o fechamento do discurso, mas também o gozo, a *jouissance* que impulsiona o desejo humano.[17]

Na mesma linha, Slavoj Žižek utiliza o conceito lacaniano de gozo para explicar a atração do nacionalismo. Em *Tarring with the Negative*, ele observa que:

> O elemento que mantém unida uma determinada comunidade não pode ser reduzido à questão da identificação simbólica: o vínculo que une seus membros sempre implica uma relação compartilhada com a Coisa, com o Gozo encarnado. Estruturada por meio de fantasias, é essa relação com a Coisa que está em jogo quando falamos da ameaça ao nosso "estilo de vida" representada pelo Outro.[18]

Considerando o tipo de identificações constituivas do nacionalismo, a dimensão afetiva é, por óbvio, particularmente forte e ele prossegue: "O nacionalismo representa, assim, uma esfera privilegiada da erupção do gozo no campo social. No final das contas, a Causa Nacional nada mais é que a forma como os membros de uma determinada comunidade étnica organizam seu gozo através dos mitos nacionais"[19]. Tendo em mente que as identificações coletivas sempre acontecem por meio de um tipo de diferenciação nós/eles, é possível entender como o nacionalismo pode se

---

[17] Yannis Stavrakakis, "Passions of Identification: Discourse, Enjoyment and European Identity", em D. Howarth e J. Torfing (orgs.), *Discourse Theory and European Politics*, Londres, Palgrave (lançamento próximo), p. 4 (original).
[18] Slavoj Žižek, *Tarring with the Negative*, Durham, Duke University Press, 1993, p. 201.
[19] Ibid., p. 202.

transformar facilmente em inimizade. Para Žižek, o ódio nacionalista surge quando acreditamos que outra nação representa uma ameaça ao nosso gozo. Ele tem origem, portanto, na forma como os grupos sociais lidam com sua falta de gozo, atribuindo-a à presença de um inimigo que o está "roubando". Para imaginar uma forma de evitar a transformação das identificações nacionais em relações amigo/inimigo é preciso reconhecer os laços afetivos que as sustentam. Ora, é exatamente isso que a abordagem racionalista impede; daí a impotência da teoria liberal diante da erupção de antagonismos nacionalistas.

A lição que devemos extrair de Freud e de Canetti é que, mesmo em sociedades que se tornaram extremamente individualistas, a necessidade de identificações coletivas nunca desaparecerá, já que ela é constitutiva do modo de existência dos seres humanos. Essas identificações desempenham um papel fundamental no campo da política, e o laço afetivo que elas oferecem precisa ser levado em conta pelos teóricos democratas. Acreditar que entramos numa era em que as identidades "pós-convencionais" tornam possível um tratamento racional das questões políticas – frustrando, desse modo, o papel desempenhado por uma mobilização democrática das paixões – é abandonar esse terreno para aqueles que querem enfraquecer a democracia. Os teóricos que desejam eliminar as paixões da política e que defendem que a política democrática deve ser compreendida apenas em termos racionais, de moderação e de consenso revelam sua falta de compreensão da dinâmica do político. Eles não percebem que a política democrática precisa ter uma ascendência real sobre os desejos e as fantasias das pessoas e que, em vez de opor interesses a sentimentos e razão a paixões, ela deve oferecer formas de identificação que contribuam para as práticas democráticas. A política sempre teve uma dimensão "partidária", e para que as pessoas se interessem pela política elas precisam ter a possibilidade de escolher entre partidos que ofereçam alternativas reais. É exatamente isso que está faltando na atual exaltação da democracia "sem partidos". Apesar daquilo que se ouve em muitos lugares, o tipo de consenso político predominante hoje, longe de representar um avanço da democracia, é o sinal de que vivemos naquilo que Jacques Rancière chama de "pós-democracia". Do seu ponto de vista, as práticas consensuais que são propostas hoje como o modelo para a democracia pressupõem justamente o desaparecimento daquilo que constitui o núcleo vital da democracia. Como diz ele,

> Pós-democracia é a prática de governo e a legitimação conceitual de uma democracia que vem após o *demos*, uma democracia que eliminou a presença, os erros de apuração e a disputa do povo, reduzindo-se unicamente, em razão disso, à interação dos mecanismos de Estado e aos acordos entre forças e interesses sociais... É a prática e a teoria do que é apropriado, sem que reste qualquer espaço entre as formas do Estado e o estado das relações sociais.[20]

Embora utilizando um vocabulário diferente, o que Rancière aponta nessa passagem é a eliminação, pela abordagem pós-política, da dimensão adversarial que é constitutiva do político e que dá à política democrática sua dinâmica própria.

## Confrontação agonística

Muitos teóricos liberais se recusam a reconhecer a dimensão antagonística da política e o papel dos afetos na construção das identidades políticas porque acreditam que isso poria em risco a realização do consenso, que eles consideram o objetivo da democracia. O que eles não percebem é que, longe de pôr em risco a democracia, o confronto agonístico é a condição mesma de sua existência. A especificidade da democracia moderna repousa no reconhecimento e na legitimação do conflito e na recusa de suprimi-lo por meio da imposição de uma ordem autoritária. Ao rom-

---

[20] Jacques Rancière, *Disagreement*, Mineápolis, University of Minnesota Press, 1991, p. 102 (tradução adaptada).

per com a representação simbólica da sociedade como um corpo integrado – típico do modelo holístico de organização –, uma sociedade democrática liberal pluralista não nega a existência dos conflitos, mas fornece as instituições que permitem que eles se expressem de forma adversarial. É por essa razão que devemos desconfiar da atual tendência de exaltar a política de consenso, que alega ter substituído a supostamente antiquada política adversarial de direita e esquerda. Para funcionar, a democracia exige que haja um choque entre posições políticas democráticas legítimas. É assim que o confronto entre esquerda e direita deve ser. Esse confronto deve oferecer formas coletivas de identificação suficientemente fortes para mobilizar as paixões políticas. Na ausência dessa configuração adversarial, as paixões não dispõem de uma válvula de escape democrática e as dinâmicas agonísticas do pluralismo são obstruídas. Corre-se o risco, portanto, de que o confronto democrático seja substituído pelo confronto entre formas essencialistas de identificação ou entre valores morais não negociáveis. Quando as fronteiras políticas se tornam indefinidas, começa a insatisfação com os partidos políticos; assistimos, então, à proliferação de outros tipos de identidade coletiva, que giram em torno de formas de identificação nacionalistas, religiosas ou étnicas. Os antagonismos podem assumir inúmeras formas, e é uma ilusão acreditar que se poderia erradicá-los um dia. É por essa razão que é importante lhes proporcionar uma forma de expressão agonística por meio do sistema democrático pluralista.

Os teóricos liberais são incapazes de reconhecer não apenas a realidade fundamental da discórdia na vida social e a impossibilidade de encontrar soluções imparciais e racionais para os problemas políticos, mas também o papel integrativo que o conflito desempenha na democracia moderna. Uma sociedade democrática exige que se discuta a respeito das alternativas possíveis; além disso, ela precisa oferecer formas políticas de identificação que girem em torno de posições democráticas claramente diferenciadas. Não há dúvida de que o consenso é necessário, mas ele precisa estar acompanhado do dissenso. Embora o consenso seja necessário no que diz respeito às instituições constitutivas da democracia e aos valores "ético-políticos" que caracterizam a associação política – liberdade e igualdade para todos –, sempre haverá discordância quanto ao seu significado e quanto ao modo como devem ser implementados. Numa democracia pluralista, essas discordâncias não são apenas legítimas, mas também necessárias. Elas fornecem a matéria-prima da política democrática.

Além das falhas da abordagem liberal, o principal obstáculo à implementação de uma política agonística vem do fato de que, desde o colapso do modelo soviético, estamos assistindo à hegemonia incontestada do neoliberalismo, com sua alegação de que não há alternativa à ordem existente. Essa alegação tem sido aceita pelos partidos social-democratas, que, com a desculpa da "modernização", têm se movido cada vez mais para a direita, redefinindo-se como "centro-esquerda". Longe de tirar proveito da crise de seu antigo antagonista comunista, a social-democracia foi arrastada ao colapso junto com ele. Perdeu-se, assim, uma grande oportunidade para a política democrática. Os acontecimentos de 1989 deveriam ter sido o momento de redefinição da esquerda, uma vez que se livrara do peso representado anteriormente pelo sistema comunista. Havia uma possibilidade real de aprofundar o projeto democrático porque as diferenças políticas tradicionais – tendo sido danificadas – poderiam ter sido redesenhadas de uma forma mais progressista. Infelizmente, essa oportunidade foi perdida. Em vez disso, o que se ouviu foram declarações triunfalistas acerca do desaparecimento do antagonismo e do advento de uma política sem fronteiras, sem um "eles"; uma política do ganha-ganha em que poderíamos encontrar soluções que favoreceriam todos os membros da sociedade.

Embora não haja dúvida de que foi essencial para a esquerda aceitar a importância do pluralismo e das instituições políticas da democracia liberal, o significado disso não deveria ter sido abandonar todas as tentativas de transformar a atual ordem hegemônica e aceitar a visão de que as "sociedades democráticas liberais de fato existentes" representam o fim da história. Se existe uma lição que podemos extrair do fracasso do comunismo é que a luta democrática não deve ser encarada em termos de amigo/inimigo e que a democracia liberal não é o inimigo a ser destruído. Se considerarmos "liberdade e igualdade para todos" como os princípios "ético-políticos" da democracia liberal (o que Montesquieu definiu como "as paixões que movem o regime"), fica claro que o problema das nossas sociedades não são os ideais que elas proclamam, mas o fato de que esses ideais não são postos em prática. Portanto, a tarefa da esquerda não é rejeitá-los, com o argumento de que se trata de um engodo e de um pretexto para a dominação capitalista, mas lutar por sua efetiva implementação. E, naturalmente, isso não pode ser feito sem questionar o atual modelo neoliberal de regulação capitalista.

É por isso que essa luta, embora não deva ser colocada em termos de amigo/inimigo, não pode simplesmente ser considerada como uma mera disputa de interesses nem tratada segundo o modelo "dialógico". Ora, é exatamente assim que a maioria dos partidos de esquerda visualiza a política democrática hoje. Para revitalizar a democracia, é urgente sair desse impasse. Meu argumento é que, graças ao conceito de "adversário", a abordagem agonística proposta por mim pode contribuir para a revitalização e o aprofundamento da democracia. Ela também oferece a possibilidade de imaginar o ponto de vista da esquerda de forma hegemônica. Adversários inscrevem seu confronto dentro da estrutura democrática, mas essa estrutura não é vista como algo imutável: ela é passível de ser redefinida por meio da luta hegemônica. Uma concepção agonística de democracia reconhece a natureza contingente das articulações político-econômicas hegemônicas que determinam a configuração específica de uma sociedade num determinado momento. Elas são construções precárias e pragmáticas que podem ser desarticuladas e transformadas em consequência da luta agonística entre os adversários.

Portanto, Slavoj Žižek engana-se quando afirma que a abordagem agonística é incapaz de desafiar o *status quo* e que ela acaba aceitando a democracia liberal em seu estágio atual[21]. O que a abordagem agonística certamente rejeita é a possibilidade de um ato de refundação radical que inauguraria uma nova ordem social a partir do zero. Contudo, diversas transformações econômicas e políticas importantes, com consequências radicais, são possíveis dentro do contexto das instituições democráticas liberais. O que entendemos por "democracia liberal" é constituído por formas sedimentadas de relações de poder resultantes de um conjunto de intervenções hegemônicas contingentes. O fato de que não se reconheça hoje sua natureza contingente deve-se à falta de projetos contra-hegemônicos. Mas não devemos cair novamente na armadilha de acreditar que sua transformação exige uma rejeição total do modelo democrático liberal. Existem muitos modos de participar do "jogo de linguagem" democrático – para tomar emprestado um termo criado por Wittgenstein –, e a luta agonística deve produzir novos significados e novos campos de aplicação para que se possa radicalizar o conceito de democracia. Esse é, do meu ponto de vista, o modo eficaz de questionar as relações de poder, não sob a forma de uma negação abstrata, mas de uma maneira adequadamente hegemônica, por meio de um processo de desarticulação das práticas existentes e da criação de um novo discurso e de novas instituições. Contrariamente aos diversos modelos liberais, a abordagem agonística que eu defendo reconhece que a sociedade sempre é politicamente instituída; além disso, ela nunca se esquece de que o terreno em que têm lugar as intervenções hegemônicas resulta sempre de práticas hegemônicas anteriores, e que ele nunca é neutro. É por isso que ela nega a viabilidade de uma política democrática não adversarial, e critica aqueles que, ao ignorar a dimensão do "político", reduzem a política a um conjunto de mudanças supostamente técnicas e a procedimentos neutros.

---

[21] Ver, por exemplo, suas críticas em Slavoj Žižek e Glyn Daly, *Conversations with Žižek*, Cambridge, Polity Press, 2004.

# 2. *Para além do modelo adversarial?*

A perspectiva pós-política da qual este livro pretende discordar encontra sua orientação sociológica numa descrição do mundo elaborada originalmente por diversos teóricos que, no início da década de 1960, anunciaram a chegada de uma "sociedade pós-industrial" e comemoraram "o fim das ideologias". Embora tenha saído de moda mais tarde, essa tendência foi ressuscitada com uma nova roupagem por sociólogos como Ulrich Beck e Anthony Giddens, os quais argumentam que, devido ao crescimento do individualismo, o modelo de política construído em torno das identidades coletivas tinha se tornado irremediavelmente superado e que era preciso abandoná-lo. Segundo eles, estamos agora no segundo estágio da modernidade, que eles chamam de "modernidade reflexiva". O fato de as sociedades terem se tornado "pós-tradicionais" exige uma revisão drástica da natureza e dos objetivos da política. Amplamente difundidos pela mídia, esses conceitos estão se transformando rapidamente no "senso comum" que caracteriza a percepção predominante da nossa realidade social. Eles influenciaram os círculos políticos e, como veremos, desempenharam um papel na evolução de diversos partidos social-democratas. Uma vez que fornecem vários princípios fundamentais do atual *Zeitgeist*, o objetivo deste capítulo é analisá-los atentamente e examinar minuciosamente suas consequências para a política democrática.

## Beck e a "reinvenção da política"

Para avaliar criticamente a afirmação de Beck de que é necessário "reinventar" a política, primeiro é preciso compreender as principais linhas de sua teoria da "modernidade reflexiva" e de sua concepção de "sociedade de risco". Essas ideias foram elaboradas numa série de livros publicados a partir de 1986, nos quais ele afirma que a sociedade industrial passou por transformações cruciais em sua dinâmica interna. Seu argumento principal é que, após uma primeira etapa de "modernização simples", caracterizada pela crença na sustentabilidade ilimitada do progresso tecnológico-econômico espontâneo – cujos riscos podiam ser contidos graças a instituições monitoradoras apropriadas –, hoje nós vivemos numa época de "modernização reflexiva", caracterizada pelo surgimento de uma "sociedade de risco". As sociedades modernas agora se defrontam com os limites de seu próprio modelo e com a consciência de que o progresso pode se converter em autodestruição se elas forem incapazes de controlar os efeitos colaterais de seu próprio dinamismo. Tornamo-nos conscientes de que determinadas características da sociedade industrial são social e politicamente problemáticas. Chegou a hora de reconhecer que não podemos mais lidar com os riscos econômicos, sociais, políticos e individuais enfrentados pelas sociedades industriais avançadas por meio das instituições tradicionais.

Segundo Beck, uma das diferenças cruciais entre a primeira e a segunda modernidade é que atualmente o motor da história social não repousa mais na racionalidade instrumental, mas no "efeito colateral". Diz ele: "enquanto a modernização simples situa, fundamentalmente, o motor da transformação social em categorias de racionalidade instrumental (reflexão), a modernização 'reflexiva' conceitua a força causal da transformação social em categorias do efeito colateral (reflexividade). Coisas que à primeira vista não foram percebidas e sobre as quais não se refletiu, mas que foram exteriorizadas, vêm se somar à ruptura estrutural que

PARA ALÉM DO MODELO ADVERSARIAL? · 35

separa a modernidade industrial das 'novas modernidades', agora e no futuro.¹" Ele enfatiza bastante o fato de que a transição de uma época social para outra teve lugar sub-repticiamente e de forma não planejada. Ela não é o resultado de lutas políticas e não deve ser interpretada de acordo com o conceito marxista de revolução. Na verdade, não são as crises, e sim as vitórias do capitalismo que estão na origem dessa nova sociedade, que deve ser vista como a vitória da modernização ocidental.

Este é um exemplo do que ele entende por papel dos "efeitos colaterais": "a transição do período industrial para o período de risco da modernidade ocorre de maneira indesejada, despercebida e compulsiva, na esteira do dinamismo autonômico da modernização, seguindo o padrão dos efeitos colaterais latentes"².

São esses efeitos colaterais, não as lutas políticas, que estão na origem das profundas transformações que ocorreram num amplo conjunto de relações sociais: classes, papéis sexuais, relações familiares, trabalho etc. Consequentemente, pilares fundamentais da primeira modernidade como sindicatos e partidos políticos perderam sua centralidade por não estarem mais adaptados para lidar com as novas formas de conflito, específicas da modernidade reflexiva. Numa sociedade de risco, os conflitos básicos não são mais de natureza distributiva – sobre renda, empregos, benefícios da previdência social –, mas estão relacionados à "responsabilidade distributiva", ou seja, a como prevenir e controlar os riscos que acompanham a produção de bens e as ameaças decorrentes dos avanços da modernização.

As sociedades da primeira modernização, diz Beck, caracterizavam-se pelo Estado-nação e pelo papel crucial das associações coletivas. Devido às consequências da globalização, de um lado, e à intensificação dos processos de individualização, do outro, a

[1] Ulrich Beck, *The Reinvention of Politics: Rethinking Modernity in the Global Social Order*, Cambridge, Polity Press, 1997, p. 38.
[2] Ulrich Beck, "The Reinvention of Politics: Towards a Theory of Reflexive Modernization", em U. Beck, A. Giddens e S. Lash, *Reflexive Modernization*, Cambridge, Polity Press, 1994, p. 5.

situação mudou. As identidades coletivas foram profundamente enfraquecidas, tanto na esfera privada como na pública, e as instituições básicas da sociedade estão voltadas agora para o indivíduo, não mais para o grupo ou a família. Além disso, as sociedades industriais eram centradas no "trabalho" e organizadas com vistas ao pleno emprego; a posição social dos indivíduos era determinada basicamente pelo trabalho, que também constituía uma condição importante para ter acesso aos direitos democráticos. Isso também chegou ao fim. Daí a urgência de encontrar um novo modo de imaginar a base para uma participação social ativa, sem esquecer o fato de que os indivíduos são formados numa interação discursiva aberta à qual os papéis clássicos da sociedade industrial não fazem justiça.

Embora reconheça que as antigas palavras esquerda e direita, os interesses conflitantes dos grupos e os partidos políticos ainda não desapareceram, Beck considera-os "muletas do passado" conceituais e totalmente inapropriados para compreender os conflitos da modernidade reflexiva. Numa sociedade de risco, os conflitos ideológicos e políticos não podem ser mais nomeados por meio da metáfora esquerda/direita típica da sociedade industrial, sendo mais bem caracterizados pelas seguintes dicotomias: seguro/inseguro, interno/externo e político/apolítico[3].

## O surgimento da "subpolítica"

Uma vez delineada em linhas gerais a estrutura da teoria de Beck, podemos examinar a nova forma de política que ele defende como solução e à qual dá o nome de "subpolítica". A ideia central é que, numa sociedade de risco, não se deve buscar o político nos espaços tradicionais como parlamento, partidos políticos e sindicatos, e que é preciso parar de equiparar política com Estado ou política com sistema político. Como atualmente o político ir-

[3] Ibid., p. 42.

rompe em lugares extremamente diferentes, nos vemos diante de uma situação paradoxal: "a constelação política da sociedade industrial está se tornando apolítica, enquanto o que era apolítico no industrialismo está se tornando político"[4]. Surgiu um novo conjunto de oposições voltado para as bases, extraparlamentar, e não mais vinculado a classes ou partidos políticos. Suas exigências estão relacionadas a questões que não podem ser expressas por meio das ideologias políticas tradicionais e não se dirigem ao sistema político: elas acontecem numa multiplicidade de subsistemas.

Beck afirma que a "sociedade de risco" questiona os princípios fundamentais da ciência política, que elabora o conceito de política sob três pontos de vista: (1) o "sistema político", que se refere à organização institucional da comunidade política; (2) a "prática política", que examina como os programas políticos podem moldar as condições sociais; (3) a "política", que lida com o processo de conflito político em torno da participação no poder e das posições de poder. Em todos esses casos, a disputa é direcionada para os agentes coletivos e o indivíduo não é considerado apto para a política. Com o advento da subpolítica, o indivíduo passa a ocupar o centro da cena política. A "subpolítica", afirma ele,

> se diferencia da "política" porque (a) os agentes que não fazem parte do sistema político ou corporativista também podem ocupar o cenário do projeto social (esse conjunto inclui grupos profissionais e ocupacionais, a *intelligentsia* técnica das empresas, instituições de pesquisa e de administração, trabalhadores especializados, iniciativas dos cidadãos, a esfera pública e assim por diante), e (b) não somente os agentes sociais e coletivos, mas também os indivíduos, competem com este último e entre si pelo poder emergente de moldar a política.[5]

Ele também enfatiza que a subpolítica significa "moldar a sociedade de baixo para cima" e que, em decorrência da subpolitização,

[4] Ibid., p. 18.
[5] Ibid., p. 22.

grupos até então não envolvidos no importante processo de tecnificação e industrialização passam a ter uma possibilidade cada vez maior de serem ouvidos e terem participação na organização da sociedade: cidadãos, a esfera pública, movimentos sociais, grupos especializados e operários em seu local de trabalho[6].

Quando se trata de visualizar os problemas que essa subpolítica reinventada tentará resolver, Beck ressalta novamente as diferenças entre ela e o tipo de política esquerda/direita da modernidade simples, com sua separação radical entre público e privado. Segundo a concepção tradicional, era preciso sair da esfera privada para se tornar político, e somente na esfera pública, por meio dos partidos políticos, é que se alcançava o político. A subpolítica inverte essa concepção, trazendo para o centro da arena política todas as coisas que haviam sido deixadas de lado e excluídas do eixo esquerda/direita. Agora que todas as questões que dizem respeito ao eu e que eram consideradas manifestações de individualismo passaram a ocupar o centro do palco, surge uma nova identidade do político em termos de "política de vida e morte". Numa sociedade de risco, que se tornou consciente da possibilidade de uma crise ecológica, uma série de assuntos que anteriormente eram considerados de natureza privada – como os relacionados ao estilo de vida e à alimentação – deixaram o campo do pessoal e do privado e se tornaram politizados. A relação do indivíduo com a natureza é típica dessa transformação, uma vez que ela agora se encontra inevitavelmente interligada a uma multiplicidade de forças globais das quais é impossível escapar.

Além disso, o progresso tecnológico e os avanços da ciência no campo da medicina e da engenharia genética obrigam agora as pessoas a tomar decisões até então inimagináveis no campo da "política do corpo". Essas decisões a respeito da vida e da morte introduzem na pauta política questões filosóficas existencialistas, questões essas que os indivíduos serão obrigados a enfrentar

[6] Ibid., p. 23.

se não quiserem que seu futuro fique nas mãos de especialistas ou seja tratado segundo a lógica do mercado. Beck afirma que isso nos dá a possibilidade de transformar a sociedade no sentido existencial. Tudo depende da capacidade das pessoas de abandonar os antigos modos de pensar, herdados da primeira modernidade, para que possam encarar os desafios apresentados pela sociedade de risco. Deve-se abolir o modelo de racionalidade instrumental inequívoca e descobrir formas de tornar aceitável a "nova ambivalência". O que se precisa é criar fóruns nos quais se possa chegar a um consenso entre os especialistas, os políticos, os industriais e os cidadãos sobre as maneiras de estabelecer possíveis formas de cooperação entre eles. Isso exigiria a transformação de sistemas especialistas em esferas públicas democráticas.

Beck gosta de ressaltar o papel positivo que a dúvida pode desempenhar no fomento de compromissos que tornam possível a superação de conflitos. A generalização de uma atitude de dúvida, diz ele, indica o caminho para uma nova modernidade, não mais baseada na certeza, como a modernidade simples, mas no reconhecimento da ambivalência e na recusa de uma autoridade superior. Ele afirma que o ceticismo generalizado e a centralidade da dúvida hoje predominantes evitam o surgimento de relações antagonísticas. Entramos numa era de ambivalência na qual ninguém pode acreditar mais que possui a verdade, crença da qual, justamente, se originavam os antagonismos. Foi eliminado, portanto, o próprio motivo de seu surgimento[7]. É por essa razão que ele descarta as tentativas de falar em termos de esquerda e direita e de organizar as identidades coletivas em torno dessa abordagem como "muletas do passado". Ele chega até mesmo a afirmar que "o programa político de uma modernização radicalizada é o ceticismo".

Na visão de Beck, uma sociedade na qual a dúvida se generalizou será incapaz de raciocinar em termos de amigo e inimigo, e

---

[7] Ulrich Beck, *The Reinvention of Politics*, op. cit., pp. 168-9.

a pacificação dos conflitos virá como consequência. Ele assume que, assim que pararem de acreditar que existe uma verdade da qual podem se apossar, as pessoas perceberão que têm de aceitar os outros pontos de vista e fazer acordos, ao invés de tentar impor suas próprias ideias. Só aqueles que ainda pensarem de acordo com as antigas categorias e que forem incapazes de questionar suas certezas dogmáticas é que ainda irão se comportar de forma adversarial. A esperança é que os efeitos colaterais da modernização reflexiva levem ao desaparecimento delas, para que possamos ter a expectativa razoável do advento de uma ordem cosmopolita.

## Giddens e a sociedade pós-tradicional

No caso de Anthony Giddens, o conceito-chave é "sociedade pós-tradicional". O que ele pretende demonstrar com esse conceito é que estamos absorvidos em experiências cotidianas que têm consequências profundas para o eu e para a identidade e que acarretam um grande número de mudanças e adaptações na vida diária. A modernidade tornou-se globalmente experimental, estando carregada de ameaças globais cujas consequências não podemos controlar: a "incerteza manufaturada" passou a fazer parte da nossa vida. Assim como Beck, Giddens acredita que muitas dessas incertezas foram criadas pela própria evolução do conhecimento humano. Elas resultam da intervenção humana na vida social e na natureza. O crescimento da incerteza manufaturada foi acelerado pela intensidade da globalização, graças ao surgimento dos instrumentos de comunicação global instantânea. O desenvolvimento de uma sociedade cosmopolita globalizada significou que as tradições ficaram passíveis de questionamento; seu *status* mudou, porque elas agora precisam se justificar, não podendo mais ser consideradas verdades imutáveis como no passado.

A ascensão de uma ordem social pós-tradicional foi acompanhada pela expansão da "reflexividade social", porque a incerteza manufaturada está presente hoje em todos os setores da vida social. Consequentemente, os indivíduos têm de processar uma grande quantidade de informação com relação à qual têm de agir em suas atividades diárias. Giddens afirma que o desenvolvimento da reflexividade social representa, na verdade, a chave para compreender as diversas mudanças ocorridas tanto na economia como na política. Por exemplo, "o surgimento do 'pós-fordismo' nas empresas industriais geralmente é analisado em termos de mudanças tecnológicas – particularmente a influência da tecnologia da informação. Mas o motivo fundamental para o crescimento da 'produção flexível' e das 'decisões de baixo para cima' é que um universo de elevada reflexividade leva a uma maior autonomia de ação, que a empresa precisa identificar e à qual deve recorrer"[8]. Poderíamos apresentar um argumento semelhante, diz ele, na esfera da política, no que diz respeito à autoridade burocrática, que, segundo ele, não é mais uma condição indispensável para a eficiência administrativa. É por essa razão que os sistemas burocráticos começam a desaparecer e os Estados não podem mais tratar seus cidadãos como "súditos".

Giddens afirma que devemos raciocinar agora em termos de "política da vida", que ele contrapõe ao modelo "emancipatório". Ele declara: "A política da vida refere-se a questões políticas que fluem a partir dos processos de autorrealização em contextos pós-tradicionais, nos quais as influências globalizantes penetram profundamente no projeto reflexivo do eu e, inversamente, nos quais os processos de autorrealização influenciam as estratégias globais."[9] Isso significa que a "política da vida" inclui, por exemplo, as questões ecológicas, mas também o caráter mutável do trabalho, da família e da identidade pessoal e cultural. Enquanto a política emancipatória refere-se às oportunidades de vida e à libertação de diversos tipos de restrição, a política da vida refere-se às decisões de vida – decisões a respeito de como viver em um mun-

[8] Anthony Giddens, *Beyond Left and Right*, Cambridge, Polity Press, 1994, p. 7.
[9] Anthony Giddens, *Modernity and Self Identity*, Cambridge, Polity Press, 1991, p. 214.

do pós-tradicional no qual aquilo que costumava ser natural ou tradicional tornou-se agora passível de escolha. Ela não é somente uma política do pessoal, e seria um equívoco, ressalta Giddens, pensar que ela é uma preocupação apenas dos mais afluentes. Na verdade, embora as questões ecológicas e feministas tenham um papel fundamental, a política da vida também abrange áreas mais tradicionais de engajamento político como o trabalho e a atividade econômica. Consequentemente, é de extrema importância enfrentar os inúmeros problemas decorrentes da transformação da força de trabalho. Para ele, "a política da vida diz respeito aos desafios que estão diante da humanidade como um todo"[10].

Giddens junta-se a Beck para salientar o crescimento de um novo individualismo que representa um desafio real à forma tradicional de fazer política. Do seu ponto de vista, esse novo individualismo deve ser entendido no contexto dos efeitos complexos da globalização e de seu impacto no papel cada vez menor que a tradição e os costumes desempenham em nossas vidas. Contrariamente a inúmeros críticos, tanto de esquerda como conservadores, que o consideram uma expressão de decadência moral e uma ameaça à solidariedade social, para ele o individualismo institucional abre inúmeras possibilidades positivas, como, por exemplo, permitir um equilíbrio mais adequado entre as responsabilidades individuais e as coletivas. Na verdade, o fato de agora vivermos de uma forma mais reflexiva cria pressões no sentido de uma maior democratização; além disso, esse novo individualismo contribui de forma crucial para essa tendência democrática[11].

## DEMOCRATIZANDO A DEMOCRACIA

Como seria de esperar das considerações anteriores, Giddens considera que a divisão esquerda/direita ficou obsoleta. Ele até

---

[10] Anthony Giddens, *Beyond Left and Right*, op. cit., p. 93.
[11] Anthony Giddens, *The Third Way*, Cambridge, Polity Press, 1998, p. 36.

deu o nome de *Para além da esquerda e da direita* a um de seus livros. Ele defende que, com o fracasso do modelo socialista e o fato de não existir mais uma alternativa ao capitalismo, desapareceu a principal linha divisória entre esquerda e direita, e que a maior parte dos problemas novos que surgiram no contexto da sociedade pós-tradicional – ou seja, todas aquelas questões que dizem respeito à "política da vida" – não podem se expressar dentro do arcabouço esquerda/direita. Uma ordem social que permite romper com a tradição requer um novo tipo de "política gerativa" segundo a qual: (1) os resultados desejados não são definidos de cima para baixo; (2) são criadas situações em que é possível construir e manter uma confiança ativa; (3) é concedida autonomia a quem for afetado por programas ou políticas específicas; (4) são gerados recursos que aumentam a autonomia, incluindo a riqueza material; (5) o poder político é descentralizado[12].

A confiança moderna foi investida principalmente nos sistemas peritos; mas hoje, segundo Giddens, o que precisamos é uma "confiança ativa". Num contexto pós-tradicional em que as instituições se tornaram reflexivas, as afirmações dos especialistas estão sujeitas à crítica dos cidadãos e a confiança passiva não basta, a confiança precisa se tornar ativa. Para gerar uma confiança ativa, o conhecimento perito precisa ser validado democraticamente. Na verdade, as declarações científicas hoje são tratadas pela opinião pública como verdades proposicionais contestáveis, e é por esse motivo que os sistemas peritos precisam se tornar dialógicos. Daí seu apelo por uma "democracia dialógica". O que está em jogo é a criação de uma confiança ativa que gere solidariedade social entre os indivíduos e os grupos. A confiança ativa supõe o envolvimento reflexivo das pessoas leigas com os sistemas peritos, em vez de dependerem de uma autoridade especializada.

Numa argumentação semelhante à feita por Beck quanto à necessidade de transformar os sistemas peritos em esferas públi-

---

[12] Anthony Giddens, *Beyond Left and Right*, op. cit., p. 93.

cas democráticas, Giddens defende a necessidade de democratizar as principais instituições da sociedade (entre elas a família) abrindo-as ao debate e à contestação. Como o objetivo é promover o apreço pela autonomia no âmbito mais amplo possível das relações sociais, é necessário estabelecer esferas públicas de pequena escala onde os conflitos de interesses possam ser solucionados por meio do diálogo público. Ele assinala que esse processo de democratização é conduzido pela expansão da reflexividade social e da destradicionalização, e que ele já se encontra em funcionamento em pelo menos quatro contextos sociais: (1) no campo pessoal, onde estamos assistindo ao surgimento de uma "democracia das emoções" nos relacionamentos sexuais, nas relações pais-filhos e nas relações de amizade; (2) no cenário administrativo, onde as hierarquias burocráticas estão sendo substituídas por sistemas de autoridade mais flexíveis e descentralizados; (3) no crescimento dos movimentos sociais e dos grupos de autoajuda, onde o desafio a diversas formas de autoridade e a abertura de espaços para o diálogo público representam outro potencial de democratização; (4) em nível mundial, onde as tendências democratizantes que recorrem a uma mistura de reflexividade, autonomia e diálogo podem finalmente gerar uma ordem mundial cosmopolita[13].

A bem da verdade, Giddens não exclui a possibilidade de haver contratempos, além de reconhecer que a reafirmação das relações tradicionais pode alimentar o fundamentalismo e a violência, mas ele é essencialmente otimista acerca do futuro das sociedades pós-tradicionais. Ele enfatiza o fato de que, na modernidade reflexiva, as tradições são obrigadas a se justificar, e que só aquelas que se tornam acessíveis a uma justificação discursiva são capazes de continuar existindo. Além disso, o requisito da justificação discursiva cria condições de diálogo com outras tradições, bem como com formas alternativas de comportamento.

[13] Ibid., pp. 117-24.

Pode-se esperar, portanto, uma "democracia dialógica" cada vez mais viável, sempre que houver a disponibilidade de ouvir o outro e de debater com ele, e isso tanto no nível pessoal como no da ordem mundial.

O desvendamento da ciência é fundamental para o projeto de democratização dialógica porque, assim como acontece no campo da "democracia emocional", a visibilidade e a abertura para a discussão pública são as precondições para o avanço da reflexividade social e a concessão de autonomia. Giddens sugere que devemos visualizar a democracia dialógica como se ela estivesse vinculada ao desenvolvimento do que ele chama de "relacionamento puro", ou seja, um relacionamento no qual entramos e no qual permanecemos por nosso próprio interesse, em razão das recompensas que a associação com os outros traz. Esse tipo de relacionamento puro é encontrado na área pessoal e está ligado ao crescimento da "democracia emocional", considerada por ele o modelo dessa abordagem dialógica. Na verdade, de acordo com Giddens existe uma ligação estreita entre o relacionamento puro e a democracia dialógica. Referindo-se aos livros de terapia sexual e de casal, ele sugere a existência de semelhanças significativas entre o modo como eles encaram as qualidades exigidas para um bom relacionamento e os mecanismos formais da democracia política, pois, em ambos os casos, trata-se de uma questão de autonomia[14].

Giddens sintetiza assim seu ponto de vista:

> As pressões no sentido da democratização – que sempre enfrentam influências contrárias – são produzidas pelos processos complementares da globalização e da reflexividade institucional. A destradicionalização remove os contextos locais da ação e, ao mesmo tempo, altera a natureza da ordem mundial: mesmo quando se mantêm fiéis a eles, as tradições são cada vez mais obrigadas a entrar em contato uma com a outra. A globalização, a reflexividade e a destradicionali-

[14] Ibid., p. 119.

zação criam "espaços dialógicos" que precisam ser preenchidos de alguma maneira. São espaços nos quais podemos interagir dialogicamente, invocando mecanismos de confiança ativa – mas que também podem ser ocupados por fundamentalismos.[15]

## UMA VISÃO PÓS-POLÍTICA

Como já deve ter ficado claro, o que a abordagem defendida por Beck e Giddens pretende eliminar da política é a noção de "adversário", noção essa que, no Capítulo 1, apresentei como fundamental para a política democrática. Ambos acreditam que, no estágio atual da modernidade reflexiva, é possível ter lugar uma "democratização da democracia" sem que seja preciso definir um adversário. Atualmente, as principais disputas políticas referem-se a problemas de adjudicação entre as diferentes afirmações de estilo de vida e à ampliação da autonomia a todas as esferas em que a democratização dialógica possa ser implementada para promover o desenvolvimento da reflexividade. Elas precisam ser decididas pelos indivíduos, não pelos grupos, e estruturadas em termos de "política da vida" (Giddens) e "subpolítica" (Beck). O debate democrático é visto como um diálogo entre indivíduos cujo objetivo é criar novas solidariedades e ampliar as bases da confiança ativa. Podemos aplacar os conflitos graças à "abertura" de diversas esferas públicas em que, por meio do diálogo, pessoas com interesses muito diferentes decidam a respeito de diversos assuntos que as afetem e desenvolvam uma relação de tolerância mútua que lhes permita viver juntas. É claro que haverá divergências, mas elas não devem assumir uma forma adversarial.

Seu principal argumento é que, nas sociedades pós-tradicionais, não encontramos mais identidades coletivas construídas em termos de nós/eles, o que significa que as diferenças políticas desapareceram. As fontes coletivas de significado e as especí-

---

[15] Ibid., pp. 130-1.

PARA ALÉM DO MODELO ADVERSARIAL? · 47

ficas de determinados grupos estão passando por um processo de esgotamento, e os indivíduos têm de conviver agora com uma ampla variedade de riscos globais e pessoais sem contar com as antigas certezas. Com o advento da sociedade de risco e a individualização dos conflitos políticos, as antigas formas de conflito e de discussão partidária perderam importância e as certezas políticas do passado não têm mais utilidade. Portanto, eles sustentam que o modelo adversarial de política, característico da modernidade simples, tornou-se obsoleto no estágio atual da modernização reflexiva e precisa ser descartado.

O que explica o desaparecimento das identidades coletivas é a dinâmica da individualização, que Beck e Giddens consideram o núcleo da modernidade reflexiva. Esse processo de individualização destrói as formas coletivas de vida, indispensáveis para o surgimento da consciência coletiva e do tipo de política que corresponde a elas. Portanto, é totalmente ilusório tentar promover a solidariedade de classe, dado que a principal experiência dos indivíduos hoje é justamente a destruição mesma das condições de solidariedade coletiva. O crescimento do individualismo enfraquece os sindicatos e os partidos, tornando ineficaz o tipo de política que costumavam promover. Beck, naturalmente, nunca acreditou que eles fossem importantes, já que, como vimos, ele afirma que as principais transformações por que passaram nossas sociedades não resultaram de lutas políticas, mas ocorreram de forma involuntária e apolítica, como resultado de "efeitos colaterais". De fato, ele proclama que sua teoria "não é uma teoria da crise ou da classe, não é uma teoria do declínio, e sim uma teoria da involuntária e latente remoção e reinserção da sociedade industrial em razão do êxito da modernização ocidental"[16].

É bastante revelador que o único tipo de oponente radical que esse modelo consegue imaginar seja o "tradicionalista" ou o "fundamentalista", que, ao reagir contra o desenvolvimento da

[16] Ulrich Beck, "The Reinvention of Politics", op. cit., p. 178.

sociedade pós-tradicional, tenta reafirmar as antigas certezas da tradição. Como esses tradicionalistas ou fundamentalistas, pelo próprio fato de rejeitarem os avanços da modernização reflexiva, colocam-se contra o curso da história, não se pode permitir, evidentemente, que participem da discussão dialógica. Na verdade, se aceitarmos a distinção entre "inimigo" e "adversário" proposta por mim, esse tipo de oponente não é um adversário, mas um inimigo, ou seja, aquele cujas exigências não são reconhecidas como legítimas e que tem de ser excluído do debate democrático.

Várias consequências cruciais acontecem quando se erradica o espaço do adversário, e no próximo capítulo argumentarei que isso explica a forma antagonística assumida por algumas lutas políticas da atualidade. O que é importante ressaltar nesta altura é que, ao declarar o fim do modelo adversarial de política, a abordagem de Beck e Giddens exclui a possibilidade de dar uma forma "agonística" aos conflitos políticos; a única forma possível de oposição é a "antagonística". De fato, se concordamos em pensar o campo da política de acordo com a estrutura proposta por eles, acabaremos com o seguinte quadro: de um lado, uma multiplicidade de lutas "subpolíticas" acerca de uma variedade de "questões de vida" que podem ser tratadas por meio do diálogo; do outro, os "tradicionalistas" antiquados ou, mais preocupante, os "fundamentalistas", que conduzem uma luta retrógrada contra as forças do progresso.

Beck e Giddens estão convencidos, é claro, que as "forças do progresso" irão prevalecer e que uma ordem cosmopolita será implantada. Porém, como chegaremos lá e o que acontecerá nesse meio tempo? Por exemplo, como iremos lidar com as profundas desigualdades existentes hoje no mundo? Chama a atenção que nem Beck nem Giddens tenham muito que dizer acerca das relações de poder e da forma como elas estruturam nossas sociedades. Eles enfatizam a fluidez social e ignoram completamente o modo pelo qual a "modernidade reflexiva" tem assistido ao surgimento de uma nova classe cujo poder terá de ser questionado se quisermos democratizar as instituições básicas da sociedade "pós--tradicional". Do mesmo modo, é evidente que o movimento contra a burocratização, que Giddens considera uma esfera importante do que ele chama de "política gerativa", não acontecerá sem que se lute contra os administradores, cujo poder terá de ser reduzido. No que diz respeito às questões ecológicas, às quais eles atribuem uma grande importância, é surpreendente que nenhum deles pareça se dar conta do quão profundamente muitos dos problemas relacionados ao meio ambiente têm a ver com políticas neoliberais que priorizam o lucro e os mecanismos de mercado. Em todas as áreas cruciais em que as estruturas de poder estão em jogo, sua abordagem política não conflituosa é incapaz de fazer as perguntas adequadas. Como ressalta Perry Anderson em seu comentário sobre Giddens, a política não é uma troca de opiniões, mas uma disputa pelo poder, advertindo que "O perigo de conceber a vida democrática como um diálogo é que podemos esquecer que sua principal realidade continua sendo a disputa"[17]. Sem compreender a estrutura da ordem hegemônica atual e o tipo de relações de poder por meio do qual ela é constituída, nenhuma verdadeira democratização jamais conseguirá ver a luz do dia. Independentemente do que seus proponentes possam dizer, a abordagem "dialógica" está longe de ser radical, pois nenhuma política radical pode existir sem desafiar as relações de poder vigentes, o que exige definir um adversário – justamente aquilo que tal perspectiva impede.

### Democracia dialógica *versus* democracia agonística

Quero certificar-me de que minha crítica a Beck e Giddens não seja mal interpretada. Não estou defendendo aqui, de manei-

---

[17] Perry Anderson, "Power, Politics and the Enlightenment", em David Miliband (org.), *Reinventing the Left*, Cambridge, Polity Press, 1994, p. 43.

ra nenhuma, o conceito tradicional de política revolucionária. Concordo, sim, que a política democrática não pode assumir a forma de confrontação amigo/inimigo sem levar à destruição do ente político. E já deixei claro meu compromisso com os princípios fundamentais da democracia pluralista. Isso não significa, porém, que tenhamos de excluir todo tipo de confrontação adversarial e que sejamos obrigados a endossar uma abordagem consensual e dialógica. Como argumentei no Capítulo 1, a questão fundamental da teoria democrática é imaginar como oferecer uma forma de expressão à dimensão antagonística – que é constitutiva do político – que não destrua o ente político. Sugeri que isso exigia que se fizesse uma diferenciação entre as categorias de "antagonismo" (relações entre inimigos) e "agonismo" (relações entre adversários) e que se imaginasse uma espécie de "consenso conflituoso" que oferecesse um espaço simbólico comum entre oponentes que sejam considerados "inimigos legítimos". Contrariamente à abordagem dialógica, o debate democrático é entendido como um confronto real. Adversários lutam, sim – até mesmo de maneira feroz –, mas de acordo com um conjunto compartilhado de regras, e suas posições, apesar de serem fundamentalmente irreconciliáveis, são aceitas como pontos de vista legítimos. A diferença fundamental entre os pontos de vista "dialógicos" e os pontos de vista "agonísticos" é que o objetivo deste último é transformar profundamente as relações de poder existentes e estabelecer uma nova hegemonia. É por essa razão que ele pode ser corretamente chamado de "radical". Na verdade, não se trata da política revolucionária de tipo jacobino, mas tampouco a de tipo liberal em que interesses concorrentes se enfrentam em um terreno neutro ou da formação discursiva de um consenso democrático.

É precisamente essa interpretação de "adversário" que a abordagem de Beck e Giddens não consegue visualizar, e é por essa razão que eles continuam 100% dentro dos limites traçados pelos parâmetros tradicionais da política liberal. Portanto, sua "democratização da democracia" não deve ser confundida com a "democracia radical" que Ernesto Laclau e eu defendemos já em 1985 em *Hegemony and Socialist Strategy* [Hegemonia e estratégia socialista][18]. Na verdade, vale a pena explicitar as diferenças entre as duas perspectivas, especialmente porque, à primeira vista, parecem existir tantas semelhanças. Por exemplo, nosso livro também faz uma crítica do modelo jacobino de política e reconhecemos que atualmente a política está acontecendo numa grande quantidade de áreas até então consideradas apolíticas. Uma das teses centrais de *Hegemony and Socialist Strategy* é a necessidade de levar em conta todas as lutas democráticas que surgiram em diversas relações sociais e que, como argumentamos, não podiam ser compreendidas por meio da categoria de "classe". Essas lutas, geralmente denominadas "novos movimentos sociais", constituem o campo do que Beck chama de "subpolítica" e Giddens de "questões da política-vida". Existe um acordo, portanto, de que é importante ampliar a esfera de ação da política. Entretanto, nossos pontos de vista divergem quanto à forma de encarar a luta política. Para nós, a radicalização da democracia exige a transformação das estruturas de poder existentes e a construção de uma nova hegemonia. Na nossa visão, a formação de uma nova hegemonia implica a criação de uma "cadeia de equivalência" entre as diversas lutas democráticas, velhas e novas, a fim de constituir uma "vontade coletiva", um "nós" das forças democráticas radicais. Isso só pode ser feito por meio da designação de um "eles", o adversário que tem de ser derrotado a fim de tornar possível a nova hegemonia. Embora guardando distância da tradição leninista da ruptura revolucionária total, e enfatizando que nossa interpretação da democracia radical era compatível com a manutenção das instituições da chamada "democracia formal", nós, todavia, também não concordamos com a abordagem liberal da neutralidade do Estado. Apesar de suas imperfeições, considera-

---

[18] Ernesto Laclau e Chantal Mouffe, *Hegemony and Socialist Strategy: Towards a Radical Democratic Politics*, Londres, Verso, 1985.

mos que a tradição marxista deu uma contribuição importante para a compreensão da dinâmica do sistema capitalista e de suas consequências sobre o conjunto das relações sociais. É por esse motivo que, contrariamente a Beck e Giddens, reconhecemos o papel crucial desempenhado pelo poder econômico na estruturação de uma ordem hegemônica.

Se a abordagem da "democracia reflexiva" consegue imaginar a democratização da democracia como o prolongamento tranquilo da estrutura dialógica para todos os setores da sociedade é porque ela ignora a dimensão hegemônica da política. A recusa, por parte de Beck e de Giddens, do modelo adversarial como uma forma ultrapassada de estruturar o campo político é consequência de sua incapacidade de reconhecer a natureza hegemônica da realidade social. Apesar de dar alguns sinais favoráveis quanto à afirmação da natureza discursiva do social, eles desconsideram um aspecto decisivo desse processo: o papel das relações de poder na criação de todas as formas de objetividade. Se somarmos a isso a crença de que todas as formas de identidade coletiva desapareceram como consequência dos processos de individualização, não surpreende que sejam incapazes de compreender a dinâmica da política.

## A RETÓRICA DA MODERNIZAÇÃO

Os teóricos da modernização reflexiva apresentam a política que eles defendem como algo baseado em sua análise sociológica. Eles afirmam que estão simplesmente extraindo as consequências, no campo da política, das transformações que vêm acontecendo em nossas sociedades: a perda de importância das identidades coletivas e a obsolescência do modelo adversarial. Isso dá uma aparência de cientificidade e incontestabilidade a sua visão pós-política, fazendo com que todos que discordem deles pareçam prisioneiros de uma estrutura ultrapassada.

A palavra-chave dessa estratégia, naturalmente, é "modernização". A intenção é diferenciar entre aqueles que estão sintonizados com as novas condições do mundo moderno e pós-tradicional e aqueles que ainda se apegam desesperadamente ao passado. Não há dúvida de que usar a palavra "modernização" dessa maneira representa um poderoso gesto retórico que lhes permite traçar uma fronteira política entre "os modernos" e "os tradicionalistas ou fundamentalistas", ao mesmo tempo que negam a natureza política dessa manobra. Apesar da tese sobre o desaparecimento da diferenciação nós/eles e da sua centralidade na política, não surpreende que nem Beck nem Giddens consiga evitar o estabelecimento de uma fronteira entre nós e eles. Isso era de se esperar, pois, como vimos anteriormente, essa fronteira é constitutiva da política. Porém, ao apresentá-la de um modo supostamente neutro, como uma evidência sociológica, eles negam sua natureza política.

Essa negativa representa uma típica atitude pós-política, e vale a pena examiná-la de perto, o que nos proporcionará *insights* importantes. Como acabamos de ver, embora anunciem o fim do modelo adversarial, Beck e Giddens não conseguem deixar de definir um adversário ou inimigo, que é o "fundamentalista" que se opõe ao processo de modernização reflexiva. Portanto, o "nós" das "pessoas modernas" – ou seja, aquelas que fazem parte do movimento de modernização reflexiva – é construído pela definição de um "eles", o tradicionalista ou fundamentalista que se opõe a esse movimento. Eles não podem participar do processo dialógico, cujas fronteiras são, na verdade, constituídas pela própria exclusão deles. O que é isso senão uma típica diferenciação amigo//inimigo, embora, como demonstrei, uma diferenciação que não é reconhecida como tal, porque é apresentada como um fato sociológico e não como um gesto político e partidário?

O que deveríamos concluir disso? Isso significa que, contrariamente às alegações deles, a dimensão antagonística do político não desapareceu, embora, neste caso, se manifeste sob uma aparência diferente, como um mecanismo de exclusão justificado por argumentos pseudocientíficos. O que é realmente problemático do ponto de vista político é que esse modo de traçar a fronteira política não conduz a um debate democrático vibrante. Quando se justifica uma exclusão dessa maneira, ela não fica sujeita à contestação política e permanece imune à discussão democrática. Desse modo, reivindicações que são apresentadas como vindo da parte dos tradicionalistas ou dos fundamentalistas podem ser ignoradas pelos democratas "dialógicos" sem nenhum problema de consciência.

No próximo capítulo, quando examinarei as consequências políticas da negação da natureza constitutiva do antagonismo, terei a oportunidade de dar outros exemplos da manipulação pós-política que consiste em traçar uma fronteira política ao mesmo tempo que nega seu caráter político. Porém, antes de chegar a esse ponto, desejo analisar a tentativa de ligar as teses da "modernidade reflexiva" à estratégia política concreta do chamado "centro radical".

## Giddens e a terceira via

O principal ator nesse campo é Giddens, a quem geralmente se atribui a tentativa de lançar as bases intelectuais da posição de centro-esquerda chamada de "Terceira Via". Em dois livros, *A terceira via* e *A terceira via e seus críticos*, publicados respectivamente em 1998 e 2000, ele tentou descrever as consequências da sua teoria sociológica para a política real, apresentando um conjunto de propostas de "redefinição da social-democracia após a morte do socialismo". A análise minuciosa dessas propostas nos proporcionará um ponto de vista privilegiado para testar o impacto da abordagem pós-política na prática política.

Giddens defende que a social-democracia precisa aceitar o fim do sistema mundial bipolar e o desaparecimento do modelo comunista. Segundo ele, a identidade dos social-democratas entrou em crise com o colapso do comunismo porque, embora se definissem como oponentes do comunismo, eles compartilhavam alguns de seus pontos de vista. Chegou a hora, portanto, de fazer uma reavaliação radical. Para isso, diz ele, é preciso enfrentar cinco dilemas: (1) as consequências da globalização; (2) as consequências da expansão do individualismo; (3) a perda de significado da divisão esquerda/direita; (4) o fato de que a política está ocorrendo fora dos mecanismos democráticos tradicionais; (5) a necessidade de levar em conta os problemas ecológicos[19].

O que está por trás dessa tese é a ideia de que, nas condições atuais de globalização, o modelo keynesiano de gestão econômica, que era um dos pilares da social-democracia, foi drasticamente enfraquecido. Além disso, com a derrota do socialismo como teoria de gestão econômica, uma das principais linhas divisórias entre esquerda e direita desapareceu. Os social-democratas têm de reconhecer que não existe alternativa ao capitalismo. Valendo-se de sua teoria da modernização reflexiva, Giddens critica a social-democracia clássica pela centralidade que ela atribui ao Estado na vida social e econômica e pela desconfiança da sociedade civil. Isso a deixa extremamente mal preparada para compreender a natureza do novo individualismo, o qual ela acusa de destruir os valores comuns e os interesses da população. Ao ver com suspeita o crescimento dos processos de individualização, os social-democratas não percebem como é grande o potencial de democratização que eles trazem consigo. Eles se apegam às instituições tradicionais do Estado de Bem-Estar Social sem perceber que o conceito de previdência coletiva tem de ser repensado e que, como hoje vivemos de uma maneira mais aberta e reflexiva, é preciso encontrar um novo equilíbrio entre a responsabilidade individual e a coletiva.

Segundo Giddens, "O objetivo principal da política da Terceira Via deve ser ajudar os cidadãos a encontrar seu caminho

[19] Anthony Giddens, *The Third Way*, op. cit., p. 27.

através das principais revoluções do nosso tempo: *globalização, transformações na vida pessoal* e nossa *relação com a natureza*"[20].

Ele louva a atitude positiva com relação à globalização, mas encarada como um fenômeno amplo, não simplesmente como um mercado global. Defensor do livre-comércio, ele recomenda que se impeça suas consequências destrutivas por meio da preocupação com a justiça social. Por fim, ele declara que o coletivismo deve ser abandonado e que a expansão do individualismo deve ser acompanhada da ampliação das obrigações individuais. O que está em jogo é a implantação de um novo relacionamento entre o indivíduo e a sociedade, cujo lema poderia ser "nenhum direito sem responsabilidade". Outro lema da política da Terceira Via é "nenhuma autoridade sem democracia". Numa sociedade pós-tradicional, diz ele, a democracia é o único caminho para justificar a autoridade; além disso, ele enfatiza bastante que a criação da confiança ativa é a única maneira de manter a coesão social e sustentar a solidariedade social em contextos de modernização reflexiva.

Para permitir a expansão da democracia, defende Giddens, é necessário reformar o Estado e o governo para fazer com que atuem em parceria com a sociedade civil. Entre os tipos de reforma que ele defende estão: descentralização, expansão do papel da esfera pública, promoção da eficiência administrativa, novas experiências democráticas que vão além dos processos tradicionais de votação e intervenção crescente no campo da administração de risco. Dessa forma, a política da Terceira Via tem como objetivo a criação de um novo Estado democrático que atue numa cooperação íntima com a sociedade civil, no contexto de uma nova economia mista, a qual Giddens descreve assim: "Em vez disso, a nova economia mista busca uma sinergia entre os setores público e privado, utilizando o dinamismo dos mercados, porém tendo em mente o interesse público. Ela pressupõe um equilíbrio entre regulação e desregulação, tanto no nível internacional como no nacional e no

---

[20] Ibid., p. 64.

local; e um equilíbrio entre o econômico e o não econômico na vida da sociedade."[21] O Estado de Bem-Estar Social não será abandonado, mas devemos mudar a relação entre risco e segurança de modo a criar uma sociedade de "apostadores responsáveis". Do mesmo modo, o significado da redistribuição deve ser mudado no sentido de "redistribuição das possibilidades".

Particularmente relevante para minha argumentação é a afirmação de Giddens de que a política da Terceira Via é uma "política de toda a nação" porque ela ressalta a natureza não conflituosa de seu projeto político. Isso vai ao encontro, é claro, dos princípios fundamentais da sua teoria sociológica, que, como vimos, eliminam a dimensão antagonística do político. Embora seja verdade que existem discordâncias nas sociedades pós-tradicionais, elas podem ser superadas por meio do diálogo e da educação; eles não são a expressão de conflitos fundamentais e a sociedade não se caracteriza mais pela divisão de classes. De fato, é o próprio conceito de classe que sua "política da vida" pretende abolir, substituindo-o por questões de "modo de vida".

Vale a pena ressaltar também que Giddens chama esse novo Estado democrático de "Estado sem inimigos", e que grande parte de sua argumentação baseia-se na ideia de que, com o fim da era bipolar, os Estados deixaram de enfrentar inimigos e passaram a enfrentar perigos; daí a necessidade de buscar outras fontes de legitimidade, diferentes daquelas que a ameaça de guerra oferecia. É claro que essas reflexões foram publicadas antes dos acontecimentos de 11 de setembro de 2001, e hoje, com o desencadeamento da "guerra contra o terrorismo", elas parecem inapelavelmente ultrapassadas. Apesar disso, considero que Giddens talvez queira se manter fiel a seu ponto de vista, explicando que esses acontecimentos significam revezes temporários provocados pelas reações dos fundamentalistas aos avanços da modernização reflexiva.

[21] Ibid., p. 100.

Como devemos avaliar as propostas políticas de Giddens? Embora ele declare que seu objetivo é contribuir com a renovação da social-democracia, é evidente que sua suposta renovação consiste em fazer com que o projeto social-democrata se conforme, basicamente, em aceitar a fase atual do capitalismo. Trata-se de uma mudança drástica, já que o objetivo da social-democracia sempre foi enfrentar os problemas sistêmicos de desigualdade e instabilidade gerados pelo capitalismo. No entanto, tendo decretado que não existe alternativa, Giddens se sente no direito de abandonar essa dimensão supostamente ultrapassada. Ele simplesmente desconsidera as conexões sistêmicas existentes entre as forças do mercado mundial e os diversos problemas – da exclusão aos riscos ambientais – que sua política pretende atacar. É unicamente nessa condição que ele pode imaginar uma "política dialógica" que transcende o modelo adversarial e consegue criar soluções que beneficiam todos os setores da sociedade. Essa perspectiva consensual e pós-política caracteriza-se pelo não enfrentamento dos conflitos fundamentais e pela recusa de fazer qualquer análise crítica do capitalismo moderno. É por essa razão que ela é incapaz de desafiar a hegemonia do neoliberalismo.

## A "RENOVAÇÃO" DA SOCIAL-DEMOCRACIA PELO NOVO TRABALHISMO

Percebemos que fica evidente essa conformidade entre a hegemonia neoliberal e a "Terceira Via" quando examinamos o modo como as propostas de Giddens para renovar a social-democracia permearam a política do Novo Trabalhismo. Não pretendo fazer uma análise detalhada das várias políticas do governo Blair: basta apontar sua principal orientação. A pergunta que gostaria de fazer é: quão radical é a política do chamado "centro radical" e que tipo de consenso ele tentou implementar? A resposta é realmente desanimadora. Como apontou Stuart Hall[22], em vez de desafiar a hegemonia neoliberal implementada durante os dezoito anos do governo Thatcher, o Novo Trabalhismo prosseguiu de onde o thatcherismo havia parado. Blair resolveu adaptar-se ao cenário neoliberal, ainda que de maneira distinta. Seu projeto tem sido incorporar a social-democracia ao neoliberalismo. A estratégia do Novo Trabalhismo, diz Hall, é "transformar a social-democracia numa variante particular do neoliberalismo de livre mercado".

Alguns objetivos social-democratas estão presentes – por exemplo, os que visam um certo nível de redistribuição de renda e de melhoria dos serviços públicos –, porém subordinados à pauta neoliberal, que consiste em livrar as empresas das regulações introduzidas anteriormente pelos governos social-democratas para controlar o capitalismo. O Estado de Bem-Estar Social foi "modernizado" por meio da introdução de mercados internos e da difusão de técnicas de gerenciamento que promovem os "valores empresariais" fundamentais da eficiência, da escolha e da seletividade. É bem verdade que o Estado não é considerado o inimigo, como no caso do neoliberalismo, mas seu papel foi completamente modificado. Ele não deve mais "apoiar os menos favorecidos e poderosos numa sociedade que 'naturalmente' produz desigualdade de riqueza, de poder e de oportunidade, mas ajudar os próprios indivíduos a proverem todas as suas necessidades sociais – de saúde, de educação, ambiental, de deslocamento, habitacional, de cuidados com os filhos, de segurança quando desempregados, de aposentadoria na velhice etc.[23] É isso que o Novo Trabalhismo entende por "governo atuante".

John Gray, que também ressalta a importância da ideologia neoliberal e o culto do mercado na formação intelectual do Novo Trabalhismo, afirma que, no campo das privatizações, Blair foi ainda mais longe que Thatcher teria imaginado. Ao dar como exemplo a introdução dos mecanismos de mercado no sistema judiciário e

[22] Stuart Hall, "New Labour's Double-Shuffle", *Soundings*, 24, outono de 2003.
[23] Ibid., p. 18.

na administração prisional, ele observa: "Neste caso, o mercado foi inserido bem no núcleo do Estado – uma mudança que na época de Thatcher só era apoiada pelos pesquisadores de direita."[24] Outras políticas em que, segundo ele, Blair foi mais longe que Thatcher são a da desregulação dos serviços postais e da introdução dos mecanismos de mercado no Serviço Nacional de Saúde.

Um sinal bastante claro de que o Novo Trabalhismo renunciou a sua identidade de esquerda é que ele abandonou a luta pela igualdade. O lema do partido agora é oferecer "escolha". As classes desapareceram, e as palavras-chave hoje são "inclusão" e "exclusão". Considera-se que a sociedade seja composta basicamente de classes médias; as únicas exceções são, de um lado, uma pequena elite de pessoas muito ricas e, de outro, os que são "excluídos". Essa visão da estrutura social serve de base para o "consenso no centro" que o Novo Trabalhismo defende. Isso, é claro, está de acordo com o princípio de que as sociedades "pós-tradicionais" não são mais estruturadas por meio de relações desiguais de poder. Ao redefinir as desigualdades estruturais produzidas sistematicamente pelo mercado em termos de "exclusão", fica-se desobrigado de fazer uma análise estrutural de suas causas, evitando, assim, a questão fundamental de saber que mudanças é preciso fazer nas relações de poder para enfrentá-las. Só assim é que uma social-democracia "modernizada" pode evitar a identidade tradicional da esquerda e posicionar-se "para além da esquerda e da direita".

Como uma das formas defendidas por Giddens para superar a antiga divisão esquerda/direita consiste em estabelecer parcerias entre o Estado e a sociedade civil, essa ideia foi adotada com entusiasmo pelo Novo Trabalhismo por meio das "parcerias público-privadas" (PPP) – com consequências desastrosas para os serviços públicos. Não é preciso contar novamente o caso desastroso das ferrovias. O fracasso da tentativa de confiar ao setor

---

[24] John Gray, "Blair's Project in Retrospect", *International Affairs*, Vol. 80, 1, janeiro de 2004, p. 43.

privado a administração do sistema de transportes ficou tão evidente que o Estado teve de ser trazido de volta. Não obstante, isso não parece ter diminuído o entusiasmo do Novo Trabalhismo com as PPPs, que ele ainda tenta impor em outras áreas. A estratégia das PPPs, naturalmente, é paradigmática da Terceira Via: nem Estado (esquerda) nem setor privado (direita), mas uma suposta parceria harmoniosa entre eles, com o Estado fornecendo os recursos para os investimentos e os empresários colhendo os lucros; e, é claro, com os cidadãos (consumidores, de acordo com a terminologia do Novo Trabalhismo) entrando com o sofrimento! Foi assim que uma suposta renovação da social-democracia produziu uma "variante social-democrática do neoliberalismo" (Hall). O exemplo do Novo Trabalhismo deixa claro que a recusa em admitir que a sociedade sempre se constitui de maneira hegemônica por meio de uma determinada estrutura de relações de poder nos leva a aceitar a hegemonia existente e a ficar prisioneiro de sua configuração de forças. Essa é a consequência inevitável de um "consenso no centro" que pretende que o modelo adversarial foi superado. Em vez de ser o terreno no qual acontece um debate agonístico entre as propostas políticas de esquerda e de direita, a política fica reduzida à "propaganda". Já que não existe nenhuma diferença fundamental entre eles, os partidos vão tentar vender sua mercadoria por meio de um *marketing* inteligente, com a ajuda das agências de publicidade. A consequência tem sido um crescente afastamento da política e uma queda drástica de participação nas eleições. Quanto tempo vai levar para que os cidadãos percam completamente a fé no processo democrático?

# 3. Atuais desafios da visão pós-política

Se acreditarmos no quadro otimista apresentado pelos teóricos da "modernização reflexiva" e pelos políticos da "Terceira Via" – apesar de uma certa resistência retrógrada ao progresso –, a tendência básica hoje aponta para um mundo unido e pacificado. No entanto, a realidade está muito distante disso, e sua visão pós-política tem sido cada vez mais contestada em várias regiões do globo. Na verdade, nas últimas décadas as fronteiras entre esquerda e direita tornaram-se cada vez mais indefinidas. Contudo, em vez de criar as condições para uma democracia mais madura, o que temos assistido em muitas sociedades ocidentais é uma perda de legitimidade das instituições democráticas. Além disso, no que diz respeito à política internacional, o fim da ordem mundial bipolar não levou a um sistema mais harmonioso, e sim à explosão de uma multiplicidade de novos antagonismos. Mesmo antes dos acontecimentos dramáticos de 11 de setembro de 2001 e da "guerra ao terror" que eles desencadearam, já estava claro que os antagonismos, longe de terem desaparecido, estavam se manifestando sob novas formas, tanto no contexto nacional como no internacional.

Por exemplo, a superficialidade da abordagem pós-política já tinha se revelado com o surgimento, em diversos países europeus, de partidos populistas de direita cujo êxito confundiu tanto teóricos liberais como analistas políticos. Como eles podiam explicar que, contrariamente a suas afirmações acerca do declínio das identidades coletivas, tantas pessoas das sociedades avançadas pudessem se deixar atrair por partidos que apelavam a formas supostamente "arcaicas" de identificação como "o povo"? Tendo comemorado a chegada de um novo tipo de eleitor individualista, sem ligação com partidos e distante das filiações tradicionais, que estava "selecionando e optando" entre as diversas políticas partidárias, como os teóricos dialógicos poderiam compreender essa súbita erupção das paixões populistas?

A resposta inicial foi atribuir o fenômeno a um contexto no qual os atavismos do passado ainda não tinham sido superados. Essa é a interpretação que foi dada, por exemplo, ao êxito do Partido da Liberdade Austríaco. O ponto de vista aceito foi que o apelo de Jörg Haider devia-se ao fato de que a Áustria era um país que ainda não tinha acertado as contas com seu passado nazista. Não era preciso se preocupar, pois se tratava de um caso excepcional, e tal fenômeno não poderia se reproduzir em outros países.

Apesar disso, a inadequação dessa explicação simplória baseada nos "vestígios do passado" logo ficaria evidente com o surgimento de partidos semelhantes em muitos outros países com uma história bastante diferente. É impossível, evidentemente, atribuir o êxito crescente dos partidos populistas de direita na Bélgica, Dinamarca, Suíça, Holanda, Noruega, Itália e França (para ficar apenas nos mais importantes) à ausência, nesses países, de uma relação crítica com seu passado. Portanto, os teóricos liberais buscaram outras explicações que se encaixassem em sua abordagem racionalista, insistindo, por exemplo, no papel dos eleitores ignorantes da classe operária, passíveis de serem atraídos por demagogos. Em vão, porque as análises sociológicas indicam claramente que os eleitores dos partidos populistas podem ser encontrados em todos os setores do eleitorado.

Devemos concluir, então, que não existe nenhuma explicação para esse novo tipo de populismo de direita? Não acho que seja o caso, e estou convencida de que certamente não é uma coincidência que tenhamos assistido nos últimos anos ao crescimento inesperado de partidos cujo êxito está baseado numa retórica populista. Porém, em vez de procurar pelas causas nos sinais de "atraso" – seja na história do país ou na condição social do eleitorado –, é para os defeitos dos principais partidos políticos que devemos voltar nossa atenção.

## Populismo de direita

Quando examinamos o estado da política democrática em todos os países em que o populismo de direita fez grandes progressos, encontramos uma semelhança impactante. Seu crescimento sempre ocorreu numa situação em que as diferenças entre os partidos democráticos tradicionais se tornaram muito menos significativas do que eram antes. Em alguns casos, como na Áustria, isso se deveu a um longo período de governo de coalizão; em outros, como na França, ao deslocamento para o centro de partidos que anteriormente se situavam claramente à esquerda do espectro político. Em todos os casos, porém, havia se estabelecido um consenso no centro, que não permitiu que os eleitores fizessem uma escolha real entre políticas significativamente diferentes. Consequentemente, nos países em que o sistema eleitoral não tratava de maneira discriminatória um terceiro partido, os demagogos de direita foram capazes de expressar o desejo de uma alternativa ao consenso sufocante.

O caso da Áustria é particularmente interessante por oferecer uma das primeiras confirmações do meu raciocínio[1]. O consenso no centro foi introduzido ali logo após o final da Segunda Guerra Mundial por meio da criação de uma "grande coalizão"

---

[1] Para uma análise detalhada do exemplo austríaco, ver Chantal Mouffe, "The End of Politics and the Challenge of Right-Wing Populism", em Francisco Panizza (org.), *Populism and the Shadow of Democracy*, Londres, Verso, 2005.

entre o conservador Partido do Povo (ÖVP) e o Partido Socialista (SPÖ). Eles conceberam uma forma de cooperação graças à qual podiam controlar a vida do país em diversas áreas: política, econômica, social e cultural. O "Proporz system" permitiu que eles dividissem os postos mais importantes nos bancos, hospitais, escolas e indústrias nacionalizadas entre suas respectivas elites. Isso criou o terreno ideal para um demagogo de talento como Jörg Haider, que, ao assumir em 1986 o controle do Partido da Liberdade Austríaco (FPÖ) – um partido que estava em vias de extinção –, conseguiu transformá-lo num partido de protesto contra a "grande coalizão". Ao mobilizar ativamente os temas relacionados à soberania popular, ele conseguiu articular rapidamente a crescente resistência à forma pela qual a coalizão de elites governava o país.

A estratégia discursiva de Haider consistiu em erguer uma fronteira entre um "nós" formado por todos os austríacos de bem, trabalhadores dedicados e defensores dos valores nacionais, e um "eles" composto pelos partidos no poder, sindicatos, burocratas, estrangeiros, intelectuais de esquerda e artistas, que eram apresentados como um obstáculo a um verdadeiro debate democrático. Graças a essa estratégia populista, o suporte eleitoral do FPÖ deu um salto dramático e sua participação no total de votos aumentou de maneira contínua até as eleições de novembro de 1999, quando se tornou o segundo partido do país com 27% dos votos, superando os conservadores por uma pequena margem.

Desde então, naturalmente, a participação no governo enfraqueceu seriamente a posição do partido, que vem perdendo terreno de maneira contínua em todas as eleições, tanto locais como nacionais – a tal ponto que nas eleições europeias de junho de 2004 ele alcançou apenas 6,7% dos votos. Seria extremamente instrutivo examinar detidamente as razões desse declínio. Por exemplo, poderíamos interpretá-lo como um bom argumento contra a estratégia de *Ausgrenzung* (exclusão), predominante na política austríaca até então e de acordo com a qual o objetivo dos dois partidos principais tinha sido excluir o FPÖ da participação no governo. No entanto, não é isso que me preocupa aqui. O que eu quero enfatizar é que, contrariamente à opinião generalizada, certamente não é o apelo a uma suposta nostalgia nazista que é o responsável pelo crescimento dramático do FPÖ, e sim a capacidade de Haider de construir um poderoso polo de identificação coletiva em torno da oposição entre o "povo" e as "elites do consenso". De fato, é justamente esse polo *anti-establishment* que o partido foi incapaz de sustentar quando se tornou parte da coalizão de governo.

A construção de um bloco *anti-establishment* similar explica o sucesso do Vlaams Blok (VB) na Bélgica. O bastião do partido está localizado em Antuérpia, onde uma coalizão entre socialistas e democratas-cristãos monopoliza o poder há várias décadas. Isso permitiu que o VB se apresentasse como a única alternativa real àqueles a que ele se opõe como sendo as "elites corruptas"[2]. Nesse caso, o "cordão sanitário" imposto pelos principais partidos para impedir o VB (cujo nome mudou recentemente para Vlaams Belang) de chegar ao poder ainda está em vigor; o partido, porém, tem ficado cada vez mais forte, tornando-se o segundo partido mais importante em toda a Flandres nas eleições europeias de 2004, com 24,1% dos votos.

No que diz respeito à França, vale a pena destacar que o crescimento do Front Nacional teve início na década de 1980, quando, após a vitória de Mitterrand, o Partido Socialista começou a se mover para o centro, abandonando qualquer pretensão de oferecer uma alternativa à ordem hegemônica existente. Isso permitiu que Jean-Marie Le Pen declarasse que ele era o único que desafiava o consenso dominante. É claro que as soluções propostas por ele são inaceitáveis, mas não se pode negar o caráter político de seu discurso. Nas eleições presidenciais de 2002, que se

[2] Patrick de Vos oferece uma boa interpretação do êxito do Vlaams Blok em "The Sacralisation of Consensus and the Rise of Authoritarian Populism: the Case of the Vlaams Blok", *Studies in Social and Political Thought*, 7, setembro de 2002.

notabilizaram pelo fato de que os dois principais candidatos, Jacques Chirac e Lionel Jospin, defendiam propostas políticas bastante semelhantes, não deveria ter causado surpresa que Le Pen tivesse uma grande votação, eliminando, assim, Jospin do segundo turno. Desde então, a despeito de um sistema eleitoral que dificulta a tradução do percentual total de votos em mandatos efetivos, o partido tem conseguido se manter mais ou menos no nível de 13% dos votos.

## Os riscos do modelo de consenso

Esse breve olhar sobre alguns êxitos populistas recentes deve bastar para ilustrar uma das principais teses deste capítulo, na qual mostrarei as consequências negativas da falta de canais agonísticos para a expressão dos conflitos, tanto na política doméstica como na internacional. Com respeito à política doméstica, minha posição é que o forte apelo dos partidos *"anti-establishment"* deve-se à incapacidade dos partidos democráticos existentes de propor alternativas importantes e que isso só pode ser compreendido dentro do contexto do modo consensual de fazer política predominante hoje.

O êxito crescente dos partidos populistas ilustra muito bem várias das teses defendidas por mim nos capítulos anteriores. Começo retomando o que disse a respeito do apregoado fim do modelo adversarial de política, geralmente comemorado como um avanço democrático. Argumentei que, em consequência da indefinição das fronteiras entre esquerda e direita e da ausência de um debate agonístico entre partidos democráticos – uma confrontação entre projetos políticos diferentes –, os eleitores não tinham a possibilidade de se identificar com um conjunto diferenciado de identidades políticas democráticas. Isso criava um vazio que provavelmente seria ocupado por outras formas de identificação que poderiam dificultar o funcionamento do sistema democrático. Afirmei que, apesar do proclamado desaparecimento das identidades coletivas e da vitória do individualismo, não se poderia eliminar a dimensão coletiva da política. Se não fosse possível ter acesso às identidades coletivas por meio dos partidos tradicionais, essa carência provavelmente seria suprida de outras maneiras. É isso, claramente, que está acontecendo com o discurso populista de direita, que está substituindo a enfraquecida oposição esquerda/direita por um novo tipo de nós/eles construído em torno de uma oposição entre o "povo" e o *"establishment"*. Contrariamente àqueles que acreditam que a política pode ser reduzida a motivações pessoais, os novos populistas sabem muito bem que a política consiste sempre na criação de um "nós" contra um "eles", e que isso exige a criação de identidades coletivas. Daí o poderoso apelo de seu discurso, que oferece formas coletivas de identificação em torno "do povo".

Se juntarmos isso ao meu outro argumento referente à importância da dimensão afetiva na política e à necessidade de mobilizar as paixões por meio dos canais democráticos, poderemos compreender por que o modelo racionalista de política democrática, com sua ênfase no diálogo e na decisão racional, é particularmente vulnerável quando confrontado com uma proposta política populista que oferece identificações coletivas que têm um elevado conteúdo afetivo como "povo". Num contexto em que o discurso dominante declara que não existe alternativa à atual forma neoliberal de globalização e que devemos aceitar seus *ditames*, não surpreende que um número crescente de pessoas esteja dando ouvidos àqueles que proclamam que as alternativas existem, sim, e que eles devolverão ao povo o poder de decidir. Quando a política democrática perde a capacidade de mobilizar as pessoas em torno de projetos políticos distintos, e quando se limita a garantir as condições necessárias para o bom funcionamento do mercado, estão dadas as condições para que os demagogos políticos articulem a frustração popular.

Durante algum tempo, o caso da Grã-Bretanha pareceu oferecer um contraexemplo a tal evolução; no entanto, o êxito recente do Partido da Independência nas eleições europeias de 2004 sugere que as coisas podem estar mudando. Naturalmente, ainda é muito cedo para prever o destino desse partido, e o sistema eleitoral britânico certamente não facilita o surgimento de terceiros partidos. Mas o crescimento dramático do percentual de votos obtido pelo partido precisa ser levado a sério. É inegável que existem hoje todas as condições para que um partido populista de direita explore a frustração popular. Desde que o Novo Trabalhismo moveu-se para a direita sob a liderança de Tony Blair, um grande número de eleitores trabalhistas tradicionais não se sentem mais representados pelo partido. As reivindicações de uma parcela crescente das camadas populares foram deixadas de fora da pauta política e elas poderiam ser facilmente articuladas por um demagogo hábil que utilizasse um discurso populista. Isso é algo que já vem acontecendo em vários países europeus, e poderíamos facilmente assistir a um fenômeno semelhante na política britânica.

Já está mais do que na hora de perceber que o êxito dos partidos populistas de direita tem origem, em grande medida, no fato de que eles exprimem, ainda que de uma forma bastante problemática, reivindicações democráticas reais que não são levadas em conta pelos partidos tradicionais. Eles também oferecem às pessoas uma forma de esperança, com a crença de que as coisas poderiam ser diferentes. É claro que é uma esperança ilusória, baseada em falsas premissas e em mecanismos de exclusão inaceitáveis nos quais a xenofobia geralmente desempenha um papel fundamental. Porém, quando eles são os únicos canais de expressão das paixões políticas, sua pretensão de representar uma alternativa é bastante sedutora. É por essa razão que eu afirmo que o êxito dos partidos populistas de direita é o resultado da falta de um debate democrático vibrante em nossas pós-democracias. Isso prova que, longe de ser benéfica para a democracia, a indefinição da fronteira esquerda/direita a está enfraquecendo. Com o desenho de novas fronteiras políticas, está se criando o terreno para o surgimento de identidades coletivas cuja natureza é hostil ao tratamento democrático.

A reação dos partidos tradicionais ao crescimento do populismo de direita contribuiu, evidentemente, para exacerbar o problema. Em vez de examinar detidamente as causas políticas, sociais e econômicas do novo fenômeno, eles rapidamente desconsideraram seu caráter de novidade rotulando-o de "extrema direita". Essa manobra permitiu que eles fugissem do debate acerca das especificidades e causas desse fenômeno, furtando-se a examinar se os "bons democratas" não teriam sido em parte responsáveis pela rejeição popular das instituições políticas existentes. A explicação já estava ao alcance da mão: era a "praga marrom" erguendo sua horrenda cabeça novamente, o que exigia que todas as forças democráticas se unissem para resistir ao ressurgimento dessa força nociva. É por esse motivo que a resposta ao surgimento dos movimentos populistas de direita tem sido, com bastante frequência, a condenação moral e o estabelecimento de um "cordão sanitário".

## A POLÍTICA NO REGISTRO DA MORALIDADE

Essa reação moralista revela outra fraqueza extremamente importante da posição pós-política. Naturalmente, a falta de uma análise política era de se esperar, por diversos motivos. Dado que a visão dominante era que o modelo adversarial de política havia sido superado e que as identidades políticas coletivas não se coadunavam com a "segunda modernidade", o surgimento do populismo de direita só podia ser interpretado como o retorno de algumas forças arcaicas. É por esse motivo que a classificação de "extrema direita" veio bem a calhar. Além disso, dado que os princípios da posição dominante não permitiam que se apresentasse a confrontação com os partidos populistas de direita como uma manifestação do modelo adversarial de política, esses partidos não podiam ser encarados em termos políticos, isto é, como adversários que deveriam ser combatidos politicamente. Portanto, foi extremamente conveniente delimitar a fronteira no nível moral, entre os "democratas do bem" e a "extrema direita do mal". Observem que essa manobra vinha com um bônus: criar a "exterioridade radical" necessária para assegurar a identidade do "nós" das forças consensuais. Como salientei anteriormente, não existe consenso sem exclusão, não existe "nós" sem "eles", e nenhuma política é possível sem que se delimite uma fronteira. Portanto, para determinar a identidade dos "bons democratas", era necessário haver algum tipo de fronteira. A trapaça foi feita designando-se "eles" como a "extrema direita". Numa típica manipulação liberal, era possível estabelecer, dessa forma, uma distinção política "nós"/"eles" ao mesmo tempo que, por apresentá-la como sendo de natureza moral, se negava seu caráter político. Desse modo, a identidade dos bons democratas podia ser alcançada por meio da exclusão da extrema direita nociva, sem questionar a tese de que o modelo adversarial de política foi superado.

Outro bônus foi que se podiam mobilizar as paixões contra o que foi denominado de "extrema direita" utilizando-se o repertório tradicional do discurso antifascista. As pessoas sentiam-se muito bem e muito virtuosas simplesmente por participar da denúncia das "forças nocivas". Naturalmente, essa mobilização de paixões não era reconhecida como tal, mas entendida como a reação racional de seres humanos morais que queriam defender valores universais. Dessa forma, ela se tornava compatível com a perspectiva racionalista dominante.

As reações às eleições austríacas de 2000 oferecem um exemplo revelador dessa reação moralista ao crescimento do populismo de direita. Quando foi formado um governo de coalizão entre os conservadores e os populistas, houve um clamor generalizado na Europa, e os outros catorze governos da CE decidiram impor "sanções" diplomáticas ao governo austríaco. Em nome da defesa dos valores europeus e da luta contra o racismo e a xenofobia –

sempre mais fáceis de denunciar nos outros do que de combater em casa –, políticos da direita e da esquerda uniram forças para pôr no ostracismo a nova coalizão antes mesmo que ela tivesse feito qualquer coisa que pudesse ser considerada censurável. Todos os bons democratas consideraram seu dever condenar a chegada ao poder de um partido apresentado como "neonazista". Liderada por uma imprensa combativa, extremamente satisfeita de ter encontrado um novo demônio para combater, foi lançada uma incrível campanha de demonização que muito rapidamente passou a incluir todos os austríacos, acusados de não terem sido devidamente "desnazificados". A condenação do racismo e da xenofobia na Áustria tornou-se uma forma conveniente de assegurar a unidade dos "bons democratas", que, dessa forma, podiam proclamar seu compromisso com os valores democráticos ao mesmo tempo que evitavam qualquer análise crítica de suas políticas domésticas.

Devemos perceber que existe um mecanismo particularmente perverso em funcionamento nessas reações moralistas. Esse mecanismo consiste em assegurar a própria bondade por meio da condenação do mal existente nos outros. Denunciar os outros sempre foi uma forma eficaz e indolor de ter um alto conceito do próprio valor moral. É uma forma de autoidealização examinada de maneira bem penetrante por François Flahaut sob o nome de "puritanismo dos bons sentimentos", o qual ele descreve da seguinte maneira: "estender-se longamente sobre a prática do bem, simpatizar com as vítimas, manifestar indignação a respeito da maldade dos outros"[3]. Segundo ele, numa época utilitarista e racionalista como a nossa, esse método de autoidealização é o que resta às pessoas para escapar da própria mediocridade, lançar o mal para longe de si e redescobrir alguma forma de heroísmo. Não há dúvida de que isso explica o papel cada vez maior assumido pelo discurso moralista em nossas sociedades pós-políticas.

[3] François Flahaut, *Malice*, Londres, Verso, 2003, p. 117.

Existe, a meu ver, uma relação direta entre o enfraquecimento da fronteira política característica do modelo adversarial e a "moralização" da política. Ao empregar o termo "moralização" nesse contexto não pretendo dizer, é claro, que agora as pessoas atuam no campo da política buscando o bem comum, de acordo com causas que seriam mais desinteressadas ou imparciais. O que desejo sinalizar é que, em vez de ser construída em termos políticos, a oposição "nós"/"eles" constitutiva da política é construída agora segundo categorias morais de "bem" versus "mal".

O que essa mudança de vocabulário revela não é, como pensavam alguns, que a política tinha sido substituída pela moralidade, mas que a política está acontecendo *na esfera moral*. É nesse sentido que proponho que entendamos a "moralização" da política – não para demonstrar que a política se tornou mais moral, mas que hoje em dia os antagonismos políticos estão sendo formulados em termos de categorias morais. Embora ainda nos defrontemos com diferenças políticas do tipo amigo/inimigo, elas agora são expressas utilizando-se a linguagem da moralidade. A bem da verdade, já faz algum tempo que isso vem acontecendo na política internacional, e os americanos sempre tiveram uma predileção especial por uma linguagem moral para denunciar seus inimigos políticos. De fato, a cruzada de George W. Bush contra o "eixo do mal" tem muitos antecedentes. Basta lembrar Ronald Reagan e seu "império do mal". O que há de novo, porém, é que, como as reações ao populismo de direita revelam, essa moralização da política agora também está tendo lugar na política interna europeia. E, nesse campo, ela é claramente uma consequência do modelo de consenso pós-adversarial defendido por todos aqueles – provavelmente teóricos bem-intencionados – que contribuíram para a introdução da visão pós-política.

Longe de criar as condições para uma forma mais madura e consensual de democracia, o anúncio do fim da política adversarial produz, então, justamente o efeito contrário. Quando a política acontece na esfera da moralidade, os antagonismos não podem assumir uma forma agonística. Na verdade, quando os oponentes não são definidos em termos políticos, mas em termos morais, eles não podem ser encarados como "adversários", mas unicamente como "inimigos". Com o "eles do mal" nenhum debate agonístico é possível: é preciso exterminá-los. Além do mais, como eles geralmente são considerados como a manifestação de um tipo de "doença moral", não se deve nem mesmo tentar dar uma explicação para seu surgimento e êxito. É por essa razão que, como vimos no exemplo do populismo de direita, a condenação moral substitui uma análise política adequada, e a resposta fica limitada à construção de um "cordão sanitário" para pôr em quarentena os setores afetados.

Existe uma certa ironia no fato de que a abordagem que afirma que o modelo de política amigo/inimigo foi suplantado acabe criando as condições para a revitalização do modelo antagonístico de política que ela declarou obsoleto. Não obstante, é impossível negar que a posição pós-política, ao impedir a criação de uma vibrante esfera pública agonística, induz a considerar o "eles" como "moral", isto é, "inimigos absolutos", favorecendo, assim, o surgimento dos antagonismos, que podem pôr em risco as instituições democráticas.

## O TERRORISMO COMO CONSEQUÊNCIA DE UM MUNDO UNIPOLAR

Meu objetivo até aqui tem sido destacar as consequências da posição pós-política dominante para os mecanismos domésticos da política democrática. Gostaria agora de voltar minha atenção para o cenário internacional, a fim de testar minha abordagem agonística na política mundial. Será que os recentes acontecimentos internacionais podem nos ensinar algo no que diz respeito às consequências de não reconhecer a dimensão do político? Como é possível compreender os acontecimentos de 11 de setembro de 2001 e a multiplicação dos ataques terroristas dentro do modelo agonístico? O que uma abordagem propriamente política pode nos revelar a respeito dos antagonismos que surgiram nos últimos anos? A respeito de todas essas perguntas, vale a pena prestar atenção novamente ao que diz Carl Schmitt.

Primeiro precisamos esclarecer uma questão importante. Algumas pessoas sugeriram que a estratégia dos neoconservadores que estão por trás da "guerra contra o terrorismo" de George W. Bush é influenciada pela visão que Schmitt tinha da política como uma distinção amigo/inimigo. Eles afirmam que esse tipo de visão da política cria uma perigosa polarização entre o "mundo civilizado" e os "inimigos da liberdade". A cruzada de Bush é apresentada então como a consequência direta da implementação daquilo que Schmitt compreendia como político. Para sair dessa situação difícil, nos dizem, é urgente retomar um modelo consensual de política; o que o nosso mundo globalizado precisa é implementar uma abordagem liberal cosmopolita.

Acredito que exista um profundo mal-entendido nessa aproximação entre Schmitt e os neoconservadores. Na verdade, Schmitt – como vimos – enfatizou inúmeras vezes que os "diferentia specifica" do político era a distinção amigo/inimigo. Mas ele sempre salientou que essa distinção tinha de ser traçada de um modo propriamente político, não com base na economia ou na ética. Ele certamente não teria perdoado o uso que Bush fez da categoria moral "mal" para descrever seus inimigos, e teria rejeitado seu discurso messiânico a respeito da responsabilidade americana de levar a liberdade e a democracia para o mundo.

Na verdade, longe de justificar a estratégia de Bush, a abordagem de Schmitt nos oferece vários *insights* que minam seus princípios básicos. Ridicularizar seu discurso moralista nos ajuda a compreender as manipulações retóricas que permitem que o atual governo dos Estados Unidos confisque e monopolize a ideia de civilização. Schmitt era bastante crítico do universalismo liberal, com sua pretensão de ser o portador do verdadeiro e único sistema político legítimo. Ele criticou os liberais por utilizarem o conceito de "humanidade" como uma arma ideológica da expansão imperialista, e considerava a ética humanitária como um instrumento do imperialismo econômico. Além disso, ele chamou a atenção para o fato de que

> Quando um país combate seu inimigo político em nome da humanidade, não se trata de uma guerra feita para defender a humanidade, mas uma guerra em que um país específico procura usurpar um conceito universal contra seu oponente militar. Em detrimento de seu oponente, ele tenta se identificar com a humanidade, do mesmo modo que alguém pode fazer mau uso da paz, da justiça, do progresso e da civilização a fim de reivindicá-los como seus e de negar o mesmo para o inimigo.[4]

Segundo ele, isso explicava por que as guerras travadas em nome da humanidade eram especialmente desumanas: como o inimigo fora apresentado como um pária da humanidade, todos os meios eram justificáveis. Traçar a fronteira entre amigo e inimigo como se fosse entre o "mundo civilizado" e seus "inimigos maléficos" teria sido considerado por ele algo típico do universalismo liberal, o qual, em nome dos direitos humanos, arrogou-se o direito e o dever de impor sua ordem no restante do mundo.

Schmitt argumentava que não havia inclusão sem exclusão, nem regra sem exceção, e nunca deixou de desmascarar a pretensão do liberalismo à inclusão total e sua alegação de falar em nome da "humanidade". Não obstante, ele reconhecia a força retórica dessa identificação com a humanidade, que o liberalismo utilizava para tornar ilegítima qualquer oposição ao seu poder. Como mostra William Rasch, esse era, para Schmitt, o principal mecanismo em ação no estabelecimento da hegemonia ocidental; além disso, ele não podia deixar de admirar o modo como o sistema americano havia se conduzido para alcançar a hegemonia global, equiparando seus interesses específicos a normas mo-

---

[4] Carl Schmitt, *The Concept of the Political*, New Brunswick, Rutgers University Press, 1976, p. 54.

rais a que todos deviam se submeter. Consequentemente, "opor-se à hegemonia americana significa opor-se aos interesses genuínos e universais da humanidade"[5].

No entanto, Schmitt também advertiu que qualquer tentativa de impor um modelo único no mundo todo teria consequências terríveis. Ele tinha uma profunda consciência dos riscos decorrentes do rumo que as relações internacionais estavam tomando. Após a Segunda Guerra Mundial, ele dedicou uma parte importante de suas reflexões ao declínio do político em sua forma moderna e à perda, por parte do Estado, do monopólio do político. Do seu ponto de vista, isso estava relacionado à dissolução do "Jus Publicum Europaeum", a lei europeia entre países que durante três séculos havia conseguido manter a guerra dentro de determinados limites. Ele estava preocupado com as consequências da perda de monopólio porque temia que o declínio do Estado estivesse criando as condições para uma nova forma de política, à qual se referia como "guerra civil internacional". Enquanto o *Jus Publicum Europaeum* existiu, foram impostos limites à guerra e a animosidade não era absoluta; o inimigo não era tratado como criminoso nem como o maior inimigo da humanidade. Segundo Schmitt, as coisas começaram a mudar em razão da convergência de diversos fatores: o desenvolvimento de meios tecnológicos de destruição, a tentativa liberal de proscrever a guerra e a reintrodução da categoria de "guerra justa" contribuíram para o surgimento de uma concepção discriminatória de guerra. "O conceito discriminatório do inimigo como criminoso e a conclusão resultante da *justa causa* ocorrem paralelamente à intensificação dos meios de destruição e à perda de referência dos teatros de guerra. A intensificação dos meios técnicos de destruição abre as portas do inferno de uma discriminação legal e moral igualmente destrutiva."[6] Uma vez que se podia considerar uma guerra "ile-

---

[5] William Rasch, "Human Rights as Geopolitics: Carl Schmitt and the Legal Form of American Supremacy", em *Cultural Critique*, 54, primavera de 2003, p. 123.
[6] Carl Schmitt, *The Nomos of the Earth in the International Law of the Jus Publicum Europaeum*, Nova York, Telos Press, 2003, p. 321.

gal", todos os limites à animosidade eram eliminados e o oponente era declarado criminoso e inumano: o inimigo se tornava "inimigo absoluto".

Em *Theory of Partisan* [Teoria da guerrilha], publicado em 1963, Schmitt apresenta o guerrilheiro como o produto da dissolução da ordem estatal clássica, estruturada em torno da demarcação entre o que é político e o que é não político. O aparecimento do guerrilheiro está ligado ao fato de que os limites da hostilidade foram revogados. Tendo sido privados de todos os direitos, os guerrilheiros encontram seus direitos na hostilidade. Uma vez negada a legitimidade que servia de garantia ao seu direito e à sua proteção legal, é na hostilidade que os guerrilheiros encontram um sentido para sua causa. E Schmitt conclui seu livro com esta previsão deprimente:

> Num mundo em que os protagonistas se lançam ao abismo da degradação total antes de exterminar fisicamente uns aos outros, novos tipos de hostilidade absoluta certamente surgirão. A hostilidade se tornará tão terrível que talvez nem seja mais possível falar de animosidade ou de hostilidade. Ambas serão proscritas e condenadas formalmente antes que tenha início a operação de extermínio. Essa operação será, então, completamente abstrata e absoluta... Dessa forma, a negação da verdadeira hostilidade preparará o caminho para a obra de extermínio de uma hostilidade absoluta.[7]

Desde 11 de setembro de 2001, as reflexões de Schmitt sobre o *status* de uma "política pós-política" tornaram-se mais relevantes que nunca. Na verdade, elas podem nos ajudar a compreender as condições de surgimento dos novos antagonismos. Como sugeriu Jean-François Kervégan[8], elas permitem que abordemos a questão do terrorismo de uma forma muito diferente da atualmente aceita, isto é, como a obra de grupos isolados de fanáticos.

---

[7] Carl Schmitt, *Theorie du partisan*, Paris, Calmann-Lévy, 1972, p. 310. Edição alemã: *Theorie des Partisanen*, Berlim, Duncker & Humbolt, 1963.
[8] Jean-François Kervégan, "Ami ou ennemi?", em *La Guerre des dieux*, edição especial de *Le Nouvel Observateur*, janeiro de 2002.

Tomando Schmitt como referência, podemos considerar que o terrorismo é o resultado de uma nova configuração do político característica do tipo de ordem mundial que está sendo implementada em torno da hegemonia de uma única superpotência. Assim como Kervégan, penso que os *insights* de Schmitt sobre os riscos de uma ordem mundial unipolar ajudam a explicar o fenômeno do terrorismo. Não se pode negar que existe uma correlação entre o poder inconteste dos Estados Unidos hoje e a proliferação de grupos terroristas. Naturalmente, não pretendo de forma alguma alegar que esta seja a única explicação para o terrorismo, o qual se deve a inúmeros fatores. Mas é inegável que ele tende a florescer em condições nas quais inexistem canais políticos legítimos para expressar as reivindicações. Portanto, não é uma coincidência que, desde o fim da Guerra Fria, com a imposição ilimitada de um modelo neoliberal de globalização sob o predomínio dos Estados Unidos, tenhamos assistido a um aumento significativo dos ataques terroristas. Atualmente, a possibilidade de sustentar modelos sociopolíticos diferentes dos ocidentais foi drasticamente reduzida, uma vez que todas as organizações internacionais encontram-se mais ou menos diretamente sob o controle de potências ocidentais lideradas pelos Estados Unidos.

Mesmo teóricos liberais como Richard Falk e Andrew Strauss – cujas propostas cosmopolitas examinarei no próximo capítulo – admitem a ligação entre terrorismo e a atual ordem mundial quando dizem:

> Impedidos de participar de maneira direta e formal no sistema internacional, indivíduos e grupos frustrados (especialmente quando seus próprios governos são considerados ilegítimos e hostis) têm recorrido a diversas formas de resistência civil, tanto pacíficas como violentas. O terrorismo global ocupa a extremidade violenta desse espectro de protesto internacional, e sua pauta aparente pode ser impulsionada principalmente por objetivos religiosos, ideológicos e regionais, e não por uma resistência relacionada diretamente à globalização. Mas sua alienação extrema é, ao menos em parte, uma consequência indireta

de impactos da globalização que podem se converter no inconsciente político daqueles extremamente aflitos por conta de queixas associadas a preconceitos culturais.⁹

A situação do cenário internacional é hoje, em muitos aspectos, semelhante à que eu apontei anteriormente na política interna: a ausência de um verdadeiro pluralismo impede que os antagonismos encontrem formas de expressão agonísticas, ou seja, legítimas. Não surpreende que, ao explodirem, esses antagonismos assumam formas extremadas, questionando o próprio fundamento da ordem existente. O problema é, uma vez mais, a negação da dimensão do político e a crença de que o objetivo da política – tanto no nível nacional como internacional – é estabelecer o consenso a respeito de um modelo único, impedindo, assim, a possibilidade de um dissenso legítimo. Sustento que a falta de canais políticos que desafiem a hegemonia do modelo de globalização neoliberal é que está na origem da proliferação de discursos e práticas de negação radical da ordem estabelecida.

Visto desse ângulo, o terrorismo põe em relevo os perigos implícitos nas ilusões do discurso globalizante universalista, que pressupõe que o progresso humano exige o estabelecimento de uma unidade mundial baseada na implementação do modelo ocidental. Ele quebra as ilusões dos filantropos universalistas de que os antagonismos podem ser eliminados graças a uma união mundial que seria alcançada transcendendo-se o político, o conflito e o negativismo.

## A UNIVERSALIDADE DA DEMOCRACIA LIBERAL

Estou convencida de que para enfrentar o desafio apresentado pelo terrorismo é necessário reconhecer o caráter essencial do

---

⁹ Richard Falk e Andrew Strauss, "The Deeper Challenges of Global Terrorism: a Democratizing Response", em Daniele Archibugi (org.), *Debating Cosmopolitics*, Londres, Verso, 2003, p. 206.

pluralismo e conceber as condições para sua implementação em nível mundial. Isso significa romper com a convicção extremamente arraigada nas democracias ocidentais de que elas representam a encarnação do "mais perfeito dos regimes" e que têm a missão "civilizatória" de universalizá-lo. De fato, não se trata de uma tarefa simples, já que grande parte da teoria democrática dedica-se a provar a superioridade da democracia liberal, apresentada como o único regime justo e legítimo e cujas instituições, em condições ideais, seriam escolhidas por todos os indivíduos racionais.

Um dos mais sofisticados defensores da superioridade moral e da validade universal da democracia constitucional liberal é Jürgen Habermas, cuja obra utilizarei para ilustrar esse tipo de raciocínio. Desde *Between Facts and Norms* [Entre fatos e normas], a pretensão de Habermas tem sido resolver a questão – há muito objeto de controvérsia – referente à natureza do Estado constitucional ocidental, que se caracteriza pela articulação do primado da lei e da defesa dos direitos humanos com a democracia, entendida como soberania popular. Liberais e democratas (ou republicanos) sempre discordaram a respeito de qual deveria ser a prioridade – os direitos humanos ou a soberania popular. Para os liberais, seguidores de Locke, é evidente que a autonomia privada, garantida pelos direitos humanos e pelo primado da lei, é fundamental, enquanto os democratas (e os republicanos) defendem, ao lado de Rousseau, que a prioridade deve ser atribuída à autonomia política tornada possível pelo autogoverno democrático. Enquanto para os liberais um governo legítimo é aquele que protege a liberdade individual e os direitos humanos, para os democratas a fonte de legitimidade reside na soberania popular.

Para um racionalista igual a Habermas essa rivalidade não resolvida é inaceitável, de modo que ele se aventurou a "demonstrar que existe uma relação conceitual ou interna, e não simplesmente uma associação histórica eventual, entre o império da lei e a democracia"¹⁰. Ele afirma ter posto fim à controvérsia graças a sua abordagem teórico-discursiva, ao demonstrar a cooriginalidade das autonomias privada e pública. Sem entrar nos detalhes de uma argumentação complexa, eis aqui, em poucas palavras, como ele a resume:

> As relações internas desejadas entre "direitos humanos" e "soberania popular" baseiam-se no fato de que a exigência de um autogoverno legalmente institucionalizado só pode ser satisfeita com a ajuda de um código que envolva, simultaneamente, as liberdades individuais acionáveis. Do mesmo modo, a distribuição equitativa dessas liberdades (e seu "justo valor") só pode ser satisfeita, por sua vez, por meio de um procedimento democrático que sirva de base à hipótese de que o resultado da formação do ponto de vista político – e da vontade política – seja racional. Isso mostra como a autonomia privada e a autonomia pública se pressupõem reciprocamente, de tal maneira que nenhuma delas pode alegar primazia sobre a outra.¹¹

Ao tentar reconciliar os dois elementos da democracia liberal, o objetivo de Habermas é, nada mais, nada menos, que demonstrar o caráter racional privilegiado da democracia liberal e, consequentemente, sua validade universal. Claro, se a democracia constitucional liberal é uma conquista racional tão admirável – a reconciliação do império da lei e dos direitos humanos com participação democrática –, com que argumento alguém poderia contestar "racionalmente" sua implementação? Qualquer oposição é automaticamente considerada um sinal de irracionalidade e atraso moral, além de algo ilegítimo. O que está implícito, obviamente, é que todos os países devem adotar instituições democráticas liberais, única forma legítima de organizar a convivência humana. Isso é corroborado por Habermas quando, retomando novamente a questão da cooriginalidade – só que desta vez do ponto de vista do modo de legitimação política e dando ênfase ao

---

¹⁰ Jürgen Habermas, *Between Facts and Norms*, Cambridge, MA, MIT Press, 1998, p. 449.
¹¹ Ibid., p. 455.

sistema legal –, ele pergunta: "Que direitos fundamentais cidadãos livres e iguais devem se conferir mutuamente se quiserem administrar legitimamente sua vida em comum por meio do direito positivo?"¹² Sua resposta, naturalmente, é que a legitimidade só pode ser alcançada por meio de direitos humanos que institucionalizem as situações de comunicação favoráveis a uma formação racional da vontade.

Os direitos humanos, diz Habermas, são como o "rosto de Juno", com um conteúdo universal moral, mas, também, com a forma dos direitos legais; daí a necessidade de serem encarnados numa ordem legal. Segundo ele, "os direitos humanos pertencem estruturalmente a uma ordem legal positiva e coercitiva que se baseia em reivindicações legais individuais acionáveis. Nessa medida, faz parte do significado dos direitos humanos reivindicar o *status* de direitos fundamentais que são implementados no contexto de uma ordem legal existente"¹³. Ele reconhece que isso gera uma tensão específica entre seu significado moral universal e suas condições locais de realização, já que até agora eles só adquiriram uma forma positiva dentro das ordens legais nacionais dos países democráticos. Mas Habermas está convencido de que sua institucionalização global encontra-se em estágio avançado e que a aceitação mundial de um sistema de direito cosmopolita é somente uma questão de tempo.

Essa convicção baseia-se na crença de que os direitos humanos são a resposta que o Ocidente deu a ameaças específicas apresentadas pela modernidade social. Ele argumenta que, como agora todos os países estão enfrentando os mesmos desafios, eles certamente adotarão padrões ocidentais de legitimidade e sistemas legais baseados nos direitos humanos, independentemente de suas tradições culturais. Ele é intransigente quanto ao fato de eles oferecerem a única base aceitável de legitimação e que, qualquer que

---

¹² Jürgen Habermas, *The Postnational Constellation*, Cambridge, Polity Press, 2001, p. 116.
¹³ Jürgen Habermas, *The Inclusion of the Other*, Cambridge, MA, MIT Press, 1998, p. 192.

seja sua origem, "os direitos humanos nos põem diante de uma realidade que não nos deixa outra opção"[14]. Como é no nível socioeconômico que se encontram as alternativas, e não no cultural, ele declara de forma peremptória:

As sociedades asiáticas não podem participar da modernização capitalista sem tirar partido das conquistas de uma ordem legal individualista. Não se pode desejar uma e recusar a outra. Do ponto de vista dos países asiáticos, não se trata de saber se os direitos humanos, como parte de uma ordem legal individualista, são compatíveis com a transmissão de sua própria cultura. Trata-se, antes, de saber se as formas tradicionais de integração política e social podem ser defendidas contra – ou, em vez disso, precisam ser adaptadas a – os imperativos quase irresistíveis da modernização econômica.[15]

Não existe alternativa à ocidentalização e, como ressalta William Rasch no comentário sobre essa passagem, para Habermas, "apesar da ênfase no procedimento e na universalidade de seu assim chamado 'princípio discursivo', a opção diante da qual se encontram as 'sociedades asiáticas' ou qualquer outro povo é a opção entre identidade cultural e sobrevivência econômica – em outras palavras, entre extermínio cultural e extermínio físico"[16].

Se é essa a alternativa para as sociedades não ocidentais, devemos ficar surpresos em assistir ao surgimento de uma resistência violenta? Já está mais do que na hora de despertar do sonho de ocidentalização e perceber que, em vez de trazer paz e prosperidade, a universalização forçada do modelo ocidental levará a reações ainda mais sangrentas por parte daqueles cujas culturas e modos de vida estão sendo destruídos por esse processo. Também já está mais do que na hora de questionar a crença na superioridade incontestável da democracia liberal. Tal crença encontra-se no centro da negação liberal do político, representando um

---

[14] Jürgen Habermas, *The Postnational Constellation*, op. cit., p. 121.
[15] Ibid., p. 124.
[16] William Rasch, "Human Rights", op. cit., p. 142.

sério obstáculo à admissão de que o mundo, como observou Schmitt, não é um "universo", e sim um "pluriverso". Existe um outro aspecto que revela o caráter antipolítico da abordagem de Habermas. Sua interpretação discursivo-teórica da democracia exige que se atribua uma função epistêmica à formação da vontade democrática e, como ele próprio admite, "o procedimento democrático não tira mais sua força legitimadora somente – na verdade, nem mesmo predominantemente – da participação política e da manifestação da vontade política, e sim da acessibilidade geral a um processo deliberativo cuja estrutura serve de base a uma expectativa de resultados racionalmente aceitáveis"[17]. O que são esses "resultados racionalmente aceitáveis"? Quem irá decidir quanto aos limites a serem impostos à manifestação da vontade política? Quais serão os motivos de exclusão? Acerca de todas essas perguntas que os liberais tentam evitar, Schmitt tem razão quando diz:

> No que diz respeito a esses conceitos políticos decisivos, depende de quem os interpreta, define e utiliza; quem concretamente decide o que é a paz e o que são o desarmamento, a ordem pública e a segurança. Uma das manifestações mais importantes da vida legal e espiritual da humanidade é o fato de que aquele que detém o verdadeiro poder é capaz de determinar o conteúdo dos conceitos e das palavras. *Caesar dominus et supra grammaticam.* César também é senhor da gramática.[18]

Dei o exemplo de Habermas para ilustrar o ponto de vista racionalista liberal, mas devo ressaltar que, embora a superioridade da democracia liberal seja um princípio central da abordagem racionalista, essa crença também é compartilhada por outros liberais de diferentes orientações teóricas. Também a encontramos, por exemplo, em alguns teóricos que defendem uma abordagem "pragmática", como Richard Rorty. Apesar de ser um crítico elo-

---

[17] Jürgen Habermas, *The Postnational Constellation*, op. cit., p. 110.
[18] Carl Schmitt, "Völkerrechtliche Formen des modernen Imperialismus", em *Positionen und Begriffe*, Berlin, Duncker & Humblot, 1988, p. 202.

quente do tipo de universalismo racionalista de Habermas, cuja busca de argumentos "independentes do contexto" para justificar a superioridade da democracia liberal ele rejeita, Rorty, não obstante, cerra fileiras com Habermas ao desejar sua implementação em todo o mundo. Não quero com isso negar as diferenças significativas que existem entre as respectivas abordagens. Rorty faz uma distinção entre "validade universal" e "alcance universal", e, na sua opinião, a universalidade da democracia liberal deveria ser pensada de acordo com o segundo enfoque, já que não se trata de uma questão de racionalidade, mas de convencimento e de progresso econômico. Entretanto, sua discordância com Habermas diz respeito apenas ao modo de alcançar o consenso universal, não à possibilidade em si; além disso, ele jamais questiona a superioridade do modo de vida liberal[19].

De fato, o "liberalismo burguês pós-moderno" de Rorty pode servir como outro exemplo da negação liberal da dimensão antagonística do político. Para ele, a política é algo a ser debatido em termos pedestres e familiares, devendo ocupar-se de reformas e compromissos de curto prazo; assim como democracia significa, basicamente, fazer com que as pessoas se tornem "mais amáveis" umas com as outras e tenham um comportamento mais tolerante. O que "nós liberais" devemos fazer é estimular a tolerância, minimizar o sofrimento e convencer os outros do valor das instituições liberais. A política democrática consiste em permitir que um número crescente de pessoas se tornem membros do nosso "nós" moral e coloquial. Ele está convencido de que, graças ao crescimento econômico e ao tipo certo de "educação sentimental", é possível construir um consenso mundial em torno das instituições democráticas liberais.

Na verdade, Rorty não é um racionalista, e se dispõe, de bom grado, a engrossar o coro daqueles que consideram o assunto como uma construção social; mas não pode aceitar que a objetividade

---

[19] Ver, por exemplo, Richard Rorty, *Objectivity, Relativism and Truth*, Cambridge, Cambridge University Press, 1991, parte III.

social seja construída por meio de atos de poder. É por esse motivo que não consegue aceitar a dimensão hegemônica das práticas discursivas nem o fato de que o poder esteja no núcleo da formação das identidades. Isso o obrigaria, naturalmente, a aceitar a dimensão antagonística que sua estrutura liberal exclui. Como Habermas, ele pretende preservar a imagem de um consenso que não implicaria nenhuma forma de exclusão e a viabilidade de uma forma de realização da universalidade. É por esse motivo que, do mesmo modo que a abordagem discursivo-teórica habermasiana, o pragmatismo de Rorty é incapaz de oferecer a estrutura adequada para uma política democrática pluralista.

# 4. Qual ordem mundial: cosmopolita ou multipolar?

Quando se trata de imaginar que tipo de ordem mundial seria mais apropriada para acomodar as exigências democráticas de um grande número de eleitorados diferentes, encontramos a mesma evitação da dimensão antagonística do político. Na verdade, esta é uma das principais falhas da abordagem cosmopolita, que, utilizando diferentes disfarces, é apresentada como a solução para o nosso presente dilema. Existe muita coisa em jogo no atual debate sobre o modelo mais desejável de ordem mundial, e é por essa razão que precisamos examinar cuidadosamente os argumentos daqueles que afirmam que, com o fim do mundo bipolar, existe agora a oportunidade de estabelecer uma ordem mundial cosmopolita. Os teóricos ligados a essa corrente alegam que, com o desaparecimento do inimigo comunista, os antagonismos são uma coisa do passado e que, na era da globalização, o ideal cosmopolita elaborado por Kant pode finalmente ser alcançado.

Apesar dos recentes reveses que contiveram o otimismo pós-Guerra Fria acerca do estabelecimento da "nova ordem mundial", as ideias cosmopolitas ainda estão muito na moda e continuam influentes. Não obstante, pretendo discordar delas neste capítulo, mostrando como o sonho de um futuro cosmopolita partilha da negação do "político" que eu pus em destaque ao analisar os outros aspectos do contexto pós-político. Contrapondo-me aos cosmopolitas, afirmarei que devemos reconhecer a natureza profundamente pluralista do mundo, e argumentarei a favor do estabelecimento de uma ordem mundial multipolar.

Os defensores do novo cosmopolitismo partilham a crença liberal na superioridade da democracia liberal – cujas falhas já examinei – e almejam expandir os princípios democráticos liberais para a esfera das relações internacionais. Uma de suas principais propostas é reformar as Nações Unidas e aumentar o poder das instituições judiciais internacionais a fim de assegurar o primado da lei sobre a força e o exercício do poder. Não se trata, no entanto, de uma corrente homogênea e, embora eles partilhem alguns princípios básicos acerca da necessidade de superar os limites da soberania nacional e da possibilidade de uma nova forma de política "para além da política do poder", regida por princípios liberais e pelo respeito aos direitos humanos, ainda existem algumas diferenças significativas entre eles. Falando em termos gerais, é possível distinguir a versão neoliberal de uma versão mais democrática. A maioria dos partidários da versão neoliberal defende uma visão idealizada dos Estados Unidos, cuja política é apresentada como se fosse conduzida não pelo interesse nacional, mas pela promoção dos valores liberais: livre comércio e democracia liberal. Isso combina com a exaltação da globalização como portadora dos benefícios e virtudes do capitalismo para o mundo todo. Eles querem que acreditemos que, sob a liderança "benigna" dos Estados Unidos e com a ajuda de organismos internacionais como o FMI e a OMC, estão sendo tomadas medidas importantes para unificar o planeta e implementar uma ordem mundial justa. O que atrapalha essa utopia capitalista é a resistência de Estados-nação que têm noções antiquadas de soberania; porém, graças aos avanços da globalização, eles finalmente serão superados.

Não vale a pena gastar muito tempo com essa louvação acrítica da hegemonia neoliberal. Seu viés ideológico é evidente e ela não deixa nenhum espaço para a política. Tudo está subordinado à esfera econômica e à soberania do mercado. A versão democrática é mais interessante porque não considera a globalização como um processo meramente econômico e autorregulado, além de atribuir um papel mais importante à política do que sua equivalente neoliberal. Como apontou Nadia Urbinati[1], os diferentes pontos de vista de seus defensores remetem ao modo como eles encaram a relação entre a sociedade civil e a política. Ela distingue, por exemplo, entre aqueles que, a exemplo de Richard Falk, privilegiam a sociedade civil como o principal lócus da democracia e aqueles que, a exemplo de David Held e Daniele Archibugi, põem a ênfase no campo político e no exercício da cidadania, a qual, segundo eles, precisa ser estendida para além do Estado-nação para se tornar cosmopolita. Urbinati observa que a abordagem da sociedade civil "partilha uma visão anticoercitiva liberal da política e interpreta a democracia mais como uma cultura cívica de associação, participação e mobilização do que como um processo político de tomada de decisão"[2]. A abordagem política, ao contrário, ressalta a importância de se estabelecerem relações entre a sociedade civil e a esfera política: "ela reconhece que os movimentos sociais e as organizações não governamentais são elementos fundamentais da democracia global, mas também acredita que, na ausência de procedimentos institucionalizados de decisão e controle, os movimentos sociais e as ONGs podem ser tanto exclusivistas como hierárquicos"[3]. É por esse motivo que eles insistem que não basta existir uma sociedade civil autogovernada; é preciso haver uma estrutura institucional que assegure a igualdade e impeça que interesses sociais predominem às custas da justiça.

---

[1] Nadia Urbinati, "Can Cosmopolitical Democracy Be Democratic?", em Daniele Archibugi (org.), *Debating Cosmopolitics*, Londres, Verso, 2003, pp. 67-85.
[2] Ibid., p. 69.
[3] Ibid.

## Transnacionalismo democrático

Examinemos primeiramente a abordagem da sociedade civil. Em seu trabalho mais recente, escrito em coautoria com Andrew Strauss, Richard Falk expõe uma concepção de "transnacionalismo democrático" cujo objetivo é realizar a proteção do ser humano na esfera internacional. É uma abordagem que "exige que os conflitos políticos sejam resolvidos por meio de um processo político concentrado no cidadão/na sociedade transnacional livre (e não no Estado ou no mercado) e legitimado pela imparcialidade, pela adesão aos direitos humanos, pelo império da lei e pela participação social representativa"[4]. O núcleo desse transnacionalismo democrático deve ser constituído por uma Assembleia Parlamentar Mundial (APM) que sirva como canal de expressão para a população do mundo[5]. Para Falk e Strauss, a missão dessa assembleia – cujos poderes devem ser exercidos sempre em conformidade com a Declaração Universal dos Direitos Humanos – é contribuir para a democratização da diplomacia mundial, não apenas em sua formulação, mas também em sua implementação. Precisamos, dizem eles, de uma estrutura internacional que abrigue a atual internacionalização da política cidadã e essa APM poderia ser o início de uma forma democrática de responsabilização do sistema internacional. Os autores também acreditam que essa APM poderia ajudar a estimular a observância das regras dos direitos humanos. De fato, dada a falta de mecanismos confiáveis para implementar muitas das leis aceitas pelo sistema internacional, a APM poderia exercer uma pressão moral nos países expondo suas omissões no que diz respeito aos direitos humanos.

Desde 11 de setembro de 2001, Falk e Strauss têm reiterado sua proposta, insistindo que a criação da APM representa uma

---

[4] Richard Falk e Andrew Strauss, "The Deeper Challenges of Global Terrorism: a Democratizing Response", em *Debating Cosmopolitics*, p. 203.
[5] Richard Falk e Andrew Strauss, "Towards Global Parliament", *Foreign Affairs*, janeiro-fevereiro de 2001.

alternativa à resposta estatista centrada na segurança nacional. Como vimos no capítulo anterior, eles consideram que o crescimento do terrorismo representa o lado perverso da transnacionalização da política. Como suas queixas, seus membros e seus alvos são todos transnacionais, as estruturas estatocêntricas são inadequadas para abordar as formas de frustração que alimentam a atração crescente pelo terrorismo. Em sua opinião, a solução é criar uma estrutura institucional que possa abrigar democraticamente a crescente internacionalização da política, de modo que "indivíduos e grupos possam direcionar sua frustração para os esforços de tentar participar nas e influenciar as tomadas de decisão parlamentar, como se acostumaram a fazer nas sociedades mais democráticas do mundo"[6].

Eu concordo que, em vez de ser considerado como a manifestação de alguns indivíduos malvados e patológicos, o terrorismo precisa ser situado em um contexto geopolítico mais amplo, mas acho sua solução totalmente inadequada. O principal defeito do transnacionalismo democrático é que, como o liberalismo tradicional, ele considera que o Estado é o principal problema, e acredita que a solução se encontra na sociedade civil. Falk e Strauss declaram que

> Acreditamos que a contestação cada vez maior que a política cidadã está fazendo da autonomia do sistema internacional estatocêntrico está criando as precondições fundamentais para uma APM. Num dos acontecimentos mais significativos dos últimos anos, embora ainda não totalmente reconhecido, tanto organizações cívicas voluntárias como elites empresariais e financeiras se envolveram na criação de estruturas paralelas que complementam e corroem o papel tradicionalmente exclusivo dos Estados como únicos atores legítimos do sistema político global. Indivíduos e grupos, e suas inúmeras organizações transnacionais, surgindo dentro dos limites dos Estados territoriais, e desafiando esses limites, estão promovendo a "globalização de baixo

[6] Richard Falk e Andrew Strauss, "The Deeper Challenges of Global Terrorism", op. cit., p. 205.

para cima", tendo começado a se aglutinar no que agora é identificado como uma "sociedade civil global" rudimentar. Por sua vez, elites empresariais e financeiras, atuando em grande medida para facilitar a globalização econômica, introduziram uma série de mecanismos para promover suas iniciativas de política global preferidas, um processo que pode ser descrito como "globalização de cima para baixo".[7]

De acordo com nossos autores, cidadãos, grupos e elites empresariais e financeiras estão começando a reconhecer que têm em comum o interesse de lançar um desafio aos Estados, que devem parar de agir como seus representantes no cenário internacional. Eles estão convencidos de que muitas das principais figuras do mundo dos negócios, como as que se reúnem no fórum econômico de Davos todo mês de janeiro, têm uma percepção clara dos seus interesses de longo prazo e veem com muita simpatia a ideia de democratizar o sistema internacional. Consequentemente, as redes organizadas da sociedade civil e das empresas globais deveriam ser capazes de impor seus projetos de democratização sobre os governos recalcitrantes. O objetivo é unir a globalização de baixo para cima com a globalização de cima para baixo, a fim de estabelecer uma estrutura democrática institucional global que permita que os povos do mundo ignorem os Estados e tenham voz ativa na governança global, criando, assim, uma ordem mundial pacífica. Como os teóricos da "modernidade reflexiva", eles imaginam o progresso da democracia a partir do modelo de um diálogo entre interesses particulares, um diálogo por meio do qual se poderia estabelecer uma "comunidade internacional" baseada no consenso.

Não surpreende que ideias semelhantes a respeito da possível aliança entre as forças da sociedade civil e corporações transnacionais sejam encontradas na obra de Ulrich Beck, cuja tese sobre o fim da forma adversarial de política examinei no Capítulo 2. Em um artigo no qual endossa a perspectiva cosmopolita, é assim que ele encara o futuro:

---

[7] Ibid., p. 209.

No curto prazo, as forças protecionistas podem triunfar, uma mistura heterogênea de nacionalistas, anticapitalistas, ambientalistas e defensores da democracia nacional, bem como grupos xenófobos e fundamentalistas religiosos. No longo prazo, contudo, uma coalizão ainda mais paradoxal entre os supostos "derrotados" pela globalização (sindicatos, ambientalistas, democratas) e os "vencedores" (grandes empresas, mercados financeiros, organizações mundiais do comércio, o Banco Mundial) pode, na verdade, levar a uma renovação da política – desde que ambos os lados reconheçam que seus interesses específicos são mais bem atendidos pelas regras cosmopolitas.[8]

Comemorando o surgimento das "corporações cosmopolitas" e do "capitalismo cosmopolita", Beck critica a fixação nacional com a política, declarando que conceitos de poder e de política centrados no Estado são "categorias zumbis". A missão de uma ciência social cosmopolita é ridicularizar esse modelo antiquado e promover o conceito de "desterritorialização" e "desnacionalização" dos Estados. O futuro está no "Estado cosmopolita" fundado no princípio da ausência de diferenciação nacional. Dotado de "soberania cosmopolita", esse Estado garantiria a verdadeira diversidade e implantaria os direitos humanos fundamentais. Beck dá a Europa como exemplo desse Estado cosmopolita, acrescentando que não há razão para que esse modelo não se estenda ao resto do mundo. Em sua opinião, é o próprio desenvolvimento do capitalismo que empurra na direção de uma transformação cosmopolita global. Embora colocado no modo interrogativo, ele chega até mesmo a sugerir: "Será que o capitalismo pode se tornar um elemento importante no renascimento cosmopolita da democracia?"[9] Não é preciso ser muito perspicaz para adivinhar sua resposta!

---

[8] Ulrich Beck, "Redefining Power in the Global Age: Eight Theses", *Dissent*, outono de 2001, p. 89.
[9] Ibid.

## Democracia cosmopolítica

A versão política do cosmopolitismo enfatiza que a democracia não é exercida unicamente na sociedade civil, mas também no espaço político. Foi para ressaltar essa especificidade que Daniele Archibugi propôs recentemente denominar de "cosmopolítica", em vez de "cosmopolita", a abordagem que, juntamente com David Held, ele vem elaborando desde o livro organizado por eles em 1995, *Cosmopolitan Democracy: An Agenda for a New World Order* [Democracia cosmopolita: uma pauta para uma nova ordem mundial]. Archibugi define seu projeto da seguinte maneira:

> A democracia cosmopolítica baseia-se no pressuposto de que objetivos importantes – controle do uso da força, respeito pelos direitos humanos, autodeterminação – só serão alcançados por meio da ampliação e do desenvolvimento da democracia. Ela se diferencia da abordagem comum do cosmopolitismo por não exigir simplesmente a responsabilidade global, mas por realmente tentar aplicar internacionalmente os princípios da democracia. Para que problemas como proteção do meio ambiente, regulação da migração e uso dos recursos naturais estejam sujeitos ao indispensável controle democrático, a democracia precisa superar as fronteiras dos Estados individuais e afirmar-se em nível global.[10]

Segundo a perspectiva cosmopolítica, agora que a forma democrática de governo é reconhecida mundialmente como sendo a única legítima, não há nenhum motivo para que os princípios e as regras da democracia fiquem restritos às fronteiras de uma comunidade política. Isso exige a criação de novas instituições globais. Segundo eles, seria um erro acreditar que um conjunto de países democráticos produza automaticamente um mundo democrático e não se pode imaginar que a democracia global seja a consequência direta da democracia que existe nesses países. Ela exige a criação de procedimentos e instituições especiais que

---

[10] Daniele Archibugi, "Cosmopolitical Democracy", em *Debating Cosmopolitics*, p. 7.

acrescentem mais um nível de representação política ao já existente. Além disso, não se trata simplesmente de transplantar o modelo democrático concebido no nível do Estado para uma escala mundial; para que possam ser aplicados mundialmente, é preciso reformular vários aspectos desse modelo. Archibugi não defende o fim dos Estados-nação, afirmando que um nível de representação global poderia coexistir com os Estados já constituídos, que manteriam algumas de suas funções político-administrativas. Ele enfatiza que "diferentemente dos inúmeros projetos federalistas mundiais dos quais é devedora, o objetivo da democracia cosmopolita é expandir a administração das atividades humanas em nível planetário não tanto por meio da substituição dos atuais Estados como pela concessão de mais poderes às instituições existentes e pela criação de novas instituições"[11]. Ele afirma que chegou a hora de imaginar novas formas de democracia derivadas dos direitos universais dos cidadãos globais, sugerindo que a mudança da democracia nacional para a democracia global significa algo parecido com a revolução conceitual que, no século XVIII, permitiu a passagem da democracia direta para a democracia representativa.

Essa revolução consistiria na criação de instituições internacionais que permitissem que os indivíduos tivessem influência nas questões internacionais, independentemente da posição em seu próprio país. Devemos oferecer uma forma de representação direta em nível mundial às reivindicações de todos os indivíduos, qualquer que seja sua nacionalidade, classe, gênero etc. A proposta pode parecer atraente, mas como ela será posta em prática? Alguns argumentos são oferecidos por David Held, que diferencia entre objetivos de curto e de longo prazo. Para começar, devemos implementar as seguintes medidas[12]. De início, o Conselho de Segurança da ONU precisa ser reformulado para que se torne mais

---

[11] Daniele Archibugi, "Demos and Cosmopolis", em *Debating Cosmopolitics*, p. 262.
[12] David Held, "Democracy and the New International Order", em Daniele Archibugi e David Held (orgs.), *Cosmopolitan Democracy: An Agenda for a New World Order*, Cambridge, Polity Press, 1995, p. 111.

representativo e uma segunda assembleia da ONU deve ser criada juntamente com parlamentos regionais. Em seguida, ampliar a influência dos tribunais internacionais para fazer com que um conjunto de direitos fundamentais – civis, políticos, econômicos e sociais – seja respeitado, e constituir um novo Tribunal Internacional dos Direitos Humanos. Por fim, instituir uma força militar internacional eficaz e responsável que intervenha nos países que costumam violar esses direitos. No longo prazo, Held imagina uma mudança mais radical no sentido da governança democrática global com a formação de uma assembleia oficial de todos os países democráticos e agências internacionais que tenha autoridade para decidir a respeito de todas as questões mundiais importantes relacionadas a meio ambiente, saúde, alimentação, economia, guerra etc. Segundo ele, deve haver uma transferência permanente de uma parte crescente da capacidade militar coercitiva do Estado-nação para as instituições globais, com o objetivo de abandonar o sistema bélico como instrumento de solução de conflito.

Outro aspecto importante da estrutura cosmopolita de Held é a incorporação de direitos e obrigações democráticas no direito nacional e internacional. O objetivo, nesse caso, é "criar a base de uma estrutura comum de ação política que constitua os elementos de um direito público democrático"[13]. No entanto, para ser eficaz no contexto da globalização, esse direito democrático tem de ser internacionalizado, tem de ser transformado em um direito democrático cosmopolita. Ele defende que o objetivo de todos os democratas deve ser estabelecer uma comunidade cosmopolita, ou seja, uma estrutura transnacional de ação política, uma comunidade de todas as comunidades democráticas. Ao examinar as consequências que essa comunidade transnacional terá sobre o Estado-nação, ele declara que este irá "encolher", não no sentido de que se tornará redundante, mas no sentido de que

---

[13] David Held, "The Transformation of Political Community: Rethinking Democracy in the Context of Globalization", em I. Shapiro e C. Hacker-Cordôn (orgs.), *Democracy's Edges*, Cambridge, Cambridge University Press, 1999, p. 105.

Os Estados não podem mais ser, nem podem mais ser considerados como, os únicos centros de poder legítimo dentro de suas próprias fronteiras, como já ocorre em diversos lugares. Os Estados precisam estar conectados a um direito democrático geral e ser reposicionados no interior deste. Dentro dessa estrutura, as leis e normas do Estado-nação seriam apenas um dos focos de desenvolvimento legal, de reflexão política e de mobilização. Pois essa estrutura reespecificaria e reconstituiria o significado e os limites da autoridade suprema. Centros de poder e sistemas de autoridade particulares só teriam legitimidade na medida em que defendessem e sancionassem o direito democrático.[14]

Não tenho a intenção de negar as nobres intenções dos diferentes defensores do cosmopolitismo democrático. Infelizmente, existem muitos motivos para ser mais do que cético quanto ao impacto democratizante da abordagem cosmopolita. Para começar, como Danilo Zolo demonstrou de forma convincente[15], dada a enorme disparidade de poder entre seus membros, é totalmente fantasioso acreditar na possibilidade de reformar as Nações Unidas para, simultaneamente, fortalecê-la e torná-la mais democrática. A principal proposta dos cosmopolitas revela-se, portanto, impraticável. Porém, também devemos estar cientes das consequências decorrentes da tentativa de estender o conceito de direitos para além do Estado-nação. David Chandler tem de fato razão quando aponta[16] que, sem um mecanismo que permita tornar esses novos direitos acessíveis aos seus beneficiários, os direitos cosmopolitas são fictícios. Dado que o cidadão global só pode ser representado por meio da sociedade civil global, que atua fora da estrutura representativa da democracia liberal, esses direitos fogem do controle de seu beneficiário, e sua defesa depende necessariamente da intervenção das instituições da sociedade civil.

---

[14] Ibid., p. 106.
[15] Danilo Zolo, *Cosmopolis: Prospects for World Government*, Cambridge, Polity Press, 1997.
[16] David Chandler, "New Rights for Old? Cosmopolitan Citizenship and the Critique of State Sovereignty", *Political Studies*, Vol. 51, 2003, pp. 332-49.

O perigo desses direitos sem beneficiários é que eles podem ser usados para minar direitos democráticos de autogoverno existentes, como quando instituições da sociedade civil desafiam a soberania nacional em nome do "interesse global".

Como Habermas, cuja concepção de direitos humanos examinei no Capítulo 3, a abordagem cosmopolita dá mais ênfase à função legitimadora dos direitos humanos do que ao seu exercício democrático; além disso, concordo com Chandler que a construção cosmopolita do cidadão global é mais uma tentativa de privilegiar a moralidade em detrimento da política. Como afirma ele:

> Nesse aspecto, os teóricos do cosmopolitismo refletem tendências políticas mais amplas que visam privilegiar direitos de defesa em detrimento da democracia representativa expressa nas urnas. A atividade política está sendo conduzida cada vez mais fora dos partidos políticos tradicionais, e está se tornando uma esfera dominada por grupos de interesse e campanhas monotemáticas que não buscam angariar votos e sim fazer *lobby* ou dar publicidade a suas reivindicações.[17]

Portanto, os novos direitos dos cidadãos cosmopolitas são uma quimera: trata-se de reivindicações morais, não de direitos democráticos que possam ser exercidos.

Existe, no entanto, um problema ainda mais grave: em troca desses novos direitos fictícios, a abordagem cosmopolita acaba sacrificando os antigos direitos de soberania. Ao justificar o direito de que instituições internacionais solapem a soberania a fim de defender o direito cosmopolita, ela nega aos cidadãos de inúmeros países o direito democrático de autogoverno. Chandler observa que "A regulação cosmopolita baseia-se, na verdade, no conceito de desigualdade soberana, de que nem todos os países devem estar envolvidos de maneira idêntica na instituição e na adjudicação do direito internacional. Ironicamente, as novas formas cosmopolitas de proteção da justiça e dos direitos implicam a criação

[17] Ibid., p. 340.

e o cumprimento das leis, legitimados a partir de uma perspectiva cada vez mais parcial e explicitamente ocidental."[18]

Lembrem, por exemplo, que Held apresenta sua comunidade cosmopolita como uma comunidade de "todos os países democráticos". Quem irá decidir quais países são democráticos, e sob que critérios? Não há dúvida de que a concepção ocidental de democracia é que será utilizada. É bastante revelador que Held não considere que isso seja um problema. Ao examinar como a legislação democrática deve ser aplicada, ele afirma: "Num primeiro momento, a legislação democrática pode ser promulgada e defendida pelos países democráticos e pelas sociedades civis que sejam capazes de reunir o discernimento político necessário e de aprender como as práticas e as instituições políticas devem mudar e se adaptar na nova situação regional e global."[19]

Em um livro recente[20], Held forneceu mais detalhes sobre a natureza da ordem cosmopolita defendida por ele. Ele ressalta que pretende oferecer uma alternativa social-democrata ao atual modelo de globalização, cujo motor é um projeto econômico neoliberal concebido pelos Estados Unidos. Segundo ele, o que está em jogo é o estabelecimento de um novo internacionalismo imbuído de valores e critérios cosmopolitas. O cosmopolitismo assegura um conjunto de valores e critérios fundamentais que nenhum agente é capaz de violar, além de exigir formas de regulação política e de criação de leis que escapam aos controles e às restrições dos Estados-nação. Esse cosmopolitismo, diz ele, "pode ser considerado como a visão moral e política que se baseia nas virtudes da ordem multilateral liberal, particularmente seu compromisso com critérios universais, direitos humanos e valores democráticos, e que procura estipular princípios gerais por meio dos quais todos possam agir"[21]. Esses princípios são: igualdade de

---

[18] Ibid., p. 343.
[19] David Held, *Democracy and the Global Order*, Cambridge, Polity Press, 1995, p. 232.
[20] David Held, *Global Covenant: The Social Democratic Alternative to the Washington Consensus*, Cambridge, Polity Press, 2004.
[21] Ibid., p. 171.

mérito e de dignidade; participação ativa; responsabilidade pessoal e *accountability*; consentimento; tomada de decisão coletiva a respeito dos assuntos públicos por meio de votação; inclusão e subsidiariedade; evitação de dano grave e sustentabilidade. Tomadas em conjunto, elas constituem a base ética que serve de orientação para a social-democracia global.

O projeto de Held representa certamente uma alternativa progressista à atual ordem neoliberal. Não obstante, por todos os motivos examinados, é evidente que o modelo cosmopolita, mesmo quando formulado de uma perspectiva social-democrata, não aumentaria a possibilidade de autogoverno para os cidadãos globais. Qualquer que seja sua forma, a implementação de uma ordem cosmopolita resultaria, na verdade, na imposição de um modelo único, o liberal democrata, sobre o mundo todo. Ela significaria, de fato, pôr um número maior de nações diretamente sob o controle do Ocidente, com o argumento de que seu modelo é o mais bem adequado à implementação dos direitos humanos e dos valores universais. E, como argumentei, isso certamente provocará uma forte resistência e produzirá perigosos antagonismos.

## Democracia e governança global

A natureza pós-política do ponto de vista cosmopolita fica bastante evidente quando analisamos um de seus principais conceitos: o conceito de "governança"[22]. Examinando a diferença entre "governo" e "governança", Nadia Urbinati menciona que

Governança implica uma referência explícita a "mecanismos" ou "atividades organizadas" e "coordenadas" adequadas à solução de problemas específicos. Diferentemente do governo, a governança refere-se a

---

[22] Minha crítica da "governança" refere-se ao modo como esse conceito é empregado no contexto particular da "governança global". Existem, naturalmente, outros empregos desse conceito, como por exemplo no caso das diferentes formas de "governança em rede", em que o objetivo é ampliar a contestação democrática.

## QUAL ORDEM MUNDIAL: COSMOPOLITA OU MULTIPOLAR? · 103

"políticas" em vez de "política", porque ela não é uma estrutura compulsória de tomada de decisão. Seus receptores não são "o povo" como um sujeito político coletivo, mas "a população" que pode ser afetada por questões globais como meio ambiente, migração ou a utilização dos recursos naturais.[23]

Falar de governança global diz muito sobre o tipo de agente que os cosmopolitas consideram atuante em seu modelo. A questão principal da governança global é a negociação entre uma multiplicidade de organizações e grupos de interesse com *know-hows* específicos, que intervêm em problemas específicos e tentam levar adiante suas propostas de uma forma não adversarial. Isso sugere uma concepção de política como solução de problemas técnicos, não como envolvimento ativo de cidadãos que exercem seus direitos democráticos graças a uma confrontação "agonística" acerca de projetos hegemônicos opostos. Na verdade, embora algumas dessas organizações sejam movidas por preocupações éticas e não simplesmente por interesse, sua abordagem não é propriamente política. Seu objetivo é chegar a um compromisso ou a um consenso racional, e não desafiar a hegemonia predominante. Essa perspectiva, naturalmente, é compatível com a interpretação liberal da política e se adéqua perfeitamente à linguagem consensual da Terceira Via. Mas em que sentido essa forma de governança global ainda pode ser considerada democrática?

Robert Dahl responde, de maneira inequívoca, que ela não pode e critica a exaltação das organizações internacionais por parte dos defensores do cosmopolitismo, que as consideram como um passo a mais na longa marcha da ideia democrática, desde a *polis* até o cosmo. Para Dahl, essa é uma visão de democracia que não leva em conta o fato de que todas as decisões, mesmo aquelas tomadas por governos democráticos, são desvantajosas para algumas pessoas porque, se produzem ganhos, também têm custos. "Se a quantidade de vantagens e desvantagens fosse idêntica

---

[23] Nadia Urbinati, "Can Cosmopolitical Democracy Be Democratic?", op. cit., p. 80.

para todos, as opiniões emitidas ao se tomar decisões coletivas seriam praticamente equivalentes às emitidas quando se toma uma decisão individual: mas as vantagens e desvantagens não são iguais para todos."[24] Como os custos e os benefícios são distribuídos de forma desigual, a questão fundamental é: quem deve decidir e de acordo com que critérios? Daí a importância de que essas decisões sejam passíveis de contestação. Se isso já é difícil em nível nacional, torna-se quase impraticável quando se considera o caso de um hipotético *demos* internacional em que existem enormes diferenças em termos de dimensão populacional e do poder dos diferentes Estados.

Dahl argumenta que, se aceitamos que a democracia é um sistema em que a população controla as políticas e as decisões governamentais, temos de concluir que é impossível que o processo internacional de tomada de decisão seja democrático. Isso não significa considerar as organizações internacionais indesejáveis nem negar sua utilidade. Contudo, ele afirma que "não há motivo para cobrir as organizações internacionais com o manto da democracia simplesmente para lhes conferir maior legitimidade"[25]. Em vez disso, ele propõe que as tratemos como "sistemas burocráticos de barganha" que podem ser indispensáveis, mas cujos custos para a democracia devemos admitir e levar em conta quando tomamos decisões que impliquem a transferência, a elas, de importantes competências nacionais.

Mary Kaldor também encara com ceticismo a ideia de que seja possível reconstituir procedimentos democráticos em nível global. Diferentemente de Dahl, porém, ela endossa o projeto cosmopolita, e sugere uma solução engenhosa: considerar a sociedade civil global como um equivalente funcional da democracia[26]. Segundo ela, quando admitirmos que a questão central da demo-

---

[24] Robert Dahl, "Can International Organizations Be Democratic? A Sceptic View", em *Democracy's Edges*, p. 25.
[25] Ibid., p. 32.
[26] Mary Kaldor, *Global Civil Society: An Answer to War*, Cambridge, Polity Press, 2003.

cracia parlamentar sempre foi a deliberação, não a representação, poderemos desconsiderar as dificuldades relacionadas à criação de uma democracia representativa global. A participação numa sociedade civil global poderia substituir a representação oferecendo um espaço de deliberação a respeito do conjunto de tópicos que afetam diferentes aspectos da vida das pessoas. Mesmo deixando de lado a noção bastante problemática de "sociedade civil global", essa ideia apresenta grandes dificuldades. Para começar, a simples deliberação sem o momento de decisão e sem os mecanismos que ponham em prática essas decisões significa muito pouco. Se acrescentarmos a isso a prerrogativa que ela atribui aos grupos de interesse, fica evidente que, em nome de adaptá-la à era da globalização, sua proposta acaba privando a democracia de uma de suas mais importantes dimensões. Na verdade, Kaldor defende uma concepção bastante ativista de sociedade civil, além de ressaltar a necessidade de redistribuir o poder. Seus pontos de vista são, em vários aspectos, um tanto radicais, mas ela compartilha claramente a abordagem consensual. Segundo ela, a sociedade civil é o lócus de um tipo de governança baseado no consentimento, que é produzido por meio da política concebida como "barganha social". Ela acredita na possibilidade de "uma conversação genuinamente livre, um diálogo crítico racional", e está convencida de que "por meio da aproximação, da franqueza e da argumentação, é mais provável que os formuladores de políticas atuem como uma classe universal hegeliana, no interesse da comunidade humana"[27].

Como já deve ter ficado claro, o problema principal das diferentes formas de cosmopolitismo é que todas elas postulam, ainda que de maneira diversa, a viabilidade de uma forma de governança consensual que transcenda o político, o conflito e o negativismo. Consequentemente, o projeto cosmopolita está obrigado a negar a dimensão hegemônica da política. Na verdade, vários teó-

[27] Ibid., p. 108.

ricos do cosmopolitismo afirmam explicitamente que seu objetivo é conceber uma política "para além da hegemonia". Essa abordagem desconsidera o fato de que, uma vez que as relações de poder são constitutivas do social, toda ordem é, *necessariamente*, hegemônica. Acreditar na possibilidade de uma democracia cosmopolita composta por cidadãos cosmopolitas que tenham os mesmos direitos e obrigações e um eleitorado que corresponda à "humanidade" é uma perigosa ilusão. Se esse projeto viesse a ser concretizado, ele só poderia significar a hegemonia mundial de um poder dominante que teria sido capaz de impor sua visão de mundo sobre todo o planeta e que, identificando seus interesses com os da humanidade, trataria qualquer divergência como um desafio ilegítimo a sua liderança "racional".

## Uma democracia absoluta da multidão?

Se a abordagem cosmopolítica não é capaz de oferecer a perspectiva política exigida pela era da globalização, o que dizer da visão proposta por Michael Hardt e Antonio Negri em *Empire* [Império][28], um livro que foi saudado como "O Manifesto Comunista do século XXI"? Algumas pessoas parecem de fato acreditar que essa é a resposta que a esquerda estava esperando. No entanto, como demonstrarei logo mais, uma análise mais detida revela uma convergência inesperada entre *Império* e o cosmopolitismo liberal. Em ambos os casos o que falta é a dimensão propriamente política: o poder pode ser conquistado, o caráter constitutivo do antagonismo é negado e a questão central da soberania é deixada de lado. Na verdade, *Império* nada mais é que uma versão ultraesquerdista da perspectiva cosmopolita. Longe de nos tornar mais fortes, ele contribui para reforçar a atual incapacidade de pensar e de agir politicamente.

[28] Michael Hardt e Antonio Negri, *Empire*, Cambridge, MA, Harvard University Press, 2000.

Este não é o lugar para discutir todos os aspectos do livro. Como vários críticos revelaram, ocultas na longa série de referências e tópicos que seduziram tantos leitores, suas hipóteses fundamentais não resistem a um exame minucioso. Não foram somente as análises teóricas acerca da importância do trabalho imaterial, do papel do Estado-nação, dos efeitos homogeneizantes do capital global e da natureza revolucionária da "multidão" que sofreram uma contestação radical[29]. De forma muito espetacular, a doutrina fundamental do livro – o fim do imperialismo e o surgimento de uma nova forma de soberania desprovida de centro – foi feita em pedaços pelas guerras conduzidas pelos Estados Unidos após os ataques terroristas de 11 de setembro de 2001. Acho surpreendente que mesmo em *Multitude, War and Democracy in the Age of Empire* [Multidão, guerra e democracia na era do império][30] eles realmente não questionem sua afirmação de que "não existe um centro de poder imperial"[31]. Na verdade, a primeira parte é dedicada à análise das características das novas guerras e eles admitem o papel fundamental dos Estados Unidos. Mas se recusam a considerar os Estados Unidos uma potência imperialista; o que eles insistem em apresentar como uma rede de poder descentralizada é apenas uma versão unilateral do império. A única diferença é que, enquanto seu livro anterior era bastante assertivo a respeito da existência real do império, eles agora insistem que estão apenas indicando uma *tendência* manifesta em um grande número de processos contemporâneos.

Como explicar o sucesso de um livro com tal quantidade de incorreções? No período pós-político em que vivemos, com a glo-

---

[29] Já foram escritos muitos livros com críticas bastante pertinentes a *Império*. Veja, por exemplo, Gopal Balakrishnan (org.), *Debating Empire*, Londres, Verso, 2004; Paul A. Passavant e Jodi Dean (orgs.), *Empire's New Clothes*, Nova York, Routledge, 2004, bem como o número especial de *Rethinking Marxism*, Vol. 13 3/4, 2001.
[30] Michael Hardt e Antonio Negri, *Multitude, War and Democracy in the Age of Empire*, Nova York, Penguin Press, 2004.
[31] Michael Hardt e Antonio Negri, "Adventures of the Multitude: Response of the Authors", em *Rethinking Marxism*, p. 239.

balização neoliberal sendo percebida como o único horizonte possível, não surpreende que *Império*, com sua retórica messiânica, tenha incendiado a imaginação de muitas pessoas ávidas para encontrar na "multidão" um novo sujeito revolucionário. Seu caráter visionário trouxe esperança numa época em que o sucesso do capitalismo parecia tão completo que era impossível imaginar qualquer alternativa. O problema, naturalmente, é que, em vez de contribuir para o esforço em busca de uma alternativa à atual hegemonia neoliberal, é provável que *Império*, na verdade, produza o efeito contrário. Se, como tenho argumentado, o que precisamos hoje é de uma interpretação adequada da natureza do político que nos permita perceber as condições favoráveis para um desafio hegemônico eficaz da ordem neoliberal, nós certamente não encontramos nesse livro as ferramentas teóricas para tal empreitada. O que encontramos é mais uma versão da perspectiva pós-política que caracteriza o senso comum em nossas pós-democracias. Na verdade, trata-se nesse caso de uma versão "radical", formulada numa linguagem filosófica sofisticada: daí seu apelo junto àqueles que afirmam que chegou a hora de abandonar categorias "ultrapassadas" e "repensar" o político.

De qualquer modo, apesar da terminologia deleuziana e da retórica revolucionária, existem muitas semelhanças incríveis entre os pontos de vista de Hardt e Negri e os dos teóricos e liberais cosmopolitas da Terceira Via que defendem a necessidade de "repensar a política". Considerem, por exemplo, a questão da globalização. Todos esses teóricos consideram-na uma etapa progressista cujas consequências homogeneizantes estão criando as condições para um mundo mais democrático. O desaparecimento do Estado-nação é visto como uma nova etapa na emancipação das restrições do Estado. Está-se constituindo uma comunidade política global que permitirá uma nova forma de governança global. Deixando de lado a retórica vazia da multidão, podemos perfeitamente considerar *Império* como mais uma versão da visão cosmopolita. De fato, a insistência de Hard e Negri no caráter "suave" do império e na criação pelo capitalismo global de um mundo unificado sem nenhum "exterior" ajusta-se incrivelmente bem à visão cosmopolita. De modo semelhante, a subestimação do papel crucial desempenhado pelos Estados Unidos na imposição de um modelo neoliberal de globalização em todo o mundo está de acordo com a visão otimista afirmada pelos defensores da sociedade civil global.

No que diz respeito à "soberania", também não existe muita diferença entre aqueles que festejam a probabilidade de uma ordem universal organizada em torno de uma "soberania cosmopolita" e a postura "antissoberana" radical assumida em *Império*. Em ambos os casos existe um desejo evidente de pôr fim ao moderno conceito de soberania em nome de uma forma de governança supostamente mais democrática. Os teóricos cosmopolitas certamente não discordariam da declaração de Hardt e Negri de que "Precisamos desenvolver uma teoria política sem soberania"[32].

A respeito das diversas formas de política social-democrata, existe uma convergência espantosa entre as hipóteses apresentadas em *Império* e as propostas por Beck e Giddens. Como observou Michael Rustin: "Elas partilham com os pós-socialistas da 'Terceira Via' a visão de que nós agora temos de aceitar uma nova sociedade individualizada, globalizada e estruturada em rede como a única base possível para uma ação futura, embora a ação que eles imaginam seja apocalíptica, na qual os pós-socialistas reformistas procuram apenas mitigar e regular um pouco as turbulências do capitalismo global, para o qual não imaginam nenhuma alternativa crível."[33] Daí sua atitude negativa com relação às lutas em defesa dos Estados de Bem-Estar Social nacionais, que, no caso de Hardt e Negri, também inclui negar a importância da União Europeia.

Mas é quando se trata de imaginar a forma de pôr em prática uma alternativa ao império que a natureza antipolítica do livro

---

[32] Michael Hardt e Antonio Negri, "Adventures of the Multitude", op. cit., p. 242.
[33] Michael Rustin, "Empire: a Postmodern Theory of Revolution", em *Debating Empire*, p. 7.

vem claramente à tona, e que sua influência pode ter as consequências mais danosas. De fato, para um livro que se apresenta como porta-voz de uma nova visão da política radical, *Império* carece gravemente de estratégia política. Como alguém pode imaginar que o império vai ser politicamente desafiado pela multidão? A multidão, dizem eles, é uma hipótese lógica que deriva de sua análise das estruturas econômicas, políticas e culturais do império. É um anti-império que já está contido dentro do império, e que irá romper, inevitavelmente, os limites que este último sempre impõe para impedir a tomada do poder supremo pelo poder constituinte da multidão. Esse evento, quando acontecer, indicará uma descontinuidade radical e estabelecerá uma metamorfose ontológica que irá inaugurar uma nova historicidade. Quando a multidão conseguir transformar o poder supremo a seu próprio favor, "uma nova condição de vida" terá lugar e a plenitude do tempo será instituída por meio da imanentização. Nascerá, então, uma democracia perfeita da multidão.

Como observa Alberto Moreiras, o modo como tudo isso irá acontecer é anunciado messianicamente, porém nunca demonstrado teoricamente. Além de afirmar o desejo messiânico da multidão, "*Império* não propõe uma teoria da subjetivação; ele se limita a mencionar como o sujeito, sempre já constituído, aparentemente, pode procurar assumir sua posição legítima ou milenarista"[34]. Evitam-se todas as questões cruciais para uma análise política; por exemplo, as que dizem respeito ao modo pelo qual a multidão pode se tornar um sujeito revolucionário. Dizem que isso depende de ela enfrentar politicamente o império, mas é justamente essa questão que, em razão de sua fundamentação teórica, eles são incapazes de abordar. Sua crença de que o desejo da multidão certamente levará ao fim do império lembra o determinismo da Segunda Internacional quando previa que as contradições econômicas do capitalismo certamente provocariam sua ruína. Neste caso, na-

---

[34] Alberto Moreiras, "A Line of Shadow: Metaphysics in Counter-Empire", em *Rethinking Marxism*, p. 224.

turalmente, não é mais o proletariado, mas é a "multidão" o sujeito revolucionário. Porém, apesar do novo vocabulário, ainda é a mesma velha abordagem determinista, que não deixa espaço para uma intervenção política efetiva.

Além de trazer novos ares a um cenário em que predomina a falta de alternativa à atual hegemonia liberal, o sucesso de *Império* também decorre certamente do fato de que ele parecia oferecer uma linguagem política ao crescente movimento contra a globalização. Embora diversos setores da extrema esquerda tradicional tenham tentado reivindicar essas lutas, apresentando-as como lutas operárias anticapitalistas, sente-se claramente a falta de uma teorização diferente. É aqui que o vocabulário deleuziano mobilizado por Hardt e Negri pode ser sedutor. Ele permite que a multiplicidade de resistências expressas por esse movimento global encontrem eco nos conceitos elaborados por Deleuze e Guattari em *Anti-Édipo* e *Mil platôs*. Estou convencido, todavia, de que o movimento antiglobalização estaria cometendo um grave erro se adotasse a perspectiva apresentada em *Império*. Um dos principais desafios que esse "movimento dos movimentos" enfrenta é como se transformar num movimento *político* que apresente propostas alternativas concretas. É bem verdade que os primeiros passos já foram dados com a organização do Fórum Social Mundial, bem como dos diversos fóruns regionais. Porém, muitas questões importantes que dizem respeito ao futuro ainda não foram decididas, e são elas que irão determinar a forma e as possibilidades de sucesso do movimento nos anos vindouros.

Um problema fundamental diz respeito ao tipo de relação que se deve estabelecer entre os diferentes integrantes do movimento. Como tem sido apontado frequentemente, trata-se de um movimento extremamente heterogêneo; e, embora não haja dúvida de que a diversidade pode ser uma fonte de energia, ela também pode apresentar sérios problemas. Hardt e Negri pressupõem que os poderes imanentes da multidão derrotarão o poder constituído do império. Não surpreende que eles nunca apresentem a questão da articulação política entre as diferentes lutas; é natural, pois é justamente essa questão que sua perspectiva evita. Segundo eles, o fato de que todas essas lutas não se comunicam, longe de ser um problema, acaba sendo uma virtude, já que, "precisamente porque todas essas lutas são incomunicáveis e, portanto, estão impedidas de se mover horizontalmente na forma de um circuito, elas são forçadas, em vez disso, a se lançar verticalmente e alcançar imediatamente o nível global"[35]. Consequentemente, apesar de sua origem local, cada luta ataca diretamente o núcleo virtual do império. Hardt e Negri nos exortam a abandonar o modelo de articulação horizontal de lutas, que já não é mais adequado e que nos impede de ver o novo potencial radical. Não é preciso mais se preocupar com a maneira de articular uma multiplicidade de movimentos com interesses diferentes e cujas reivindicações possam estar em conflito. Desse modo, a questão fundamental da política democrática, a questão que o movimento de antiglobalização precisa tratar urgentemente – como organizar para além das diferenças de modo a criar uma cadeia de equivalência entre as lutas democráticas –, essa questão simplesmente desaparece.

Outro problema sério é a forma extremamente negativa com que as lutas locais e nacionais são encaradas em *Império*. Isso, naturalmente, está em sintonia com o desprezo que Hard e Negri têm pela soberania e com sua glorificação da globalização, que teria instituído um espaço "livre de conflito" no qual as soberanias nacionais e os obstáculos ao livre trânsito das multidões estão sendo varridos para longe. Segundo eles, o processo de "desterritorialização" e o enfraquecimento simultâneo dos Estados-nação, que são uma característica do império, representam um passo adiante na libertação da multidão; além disso, eles rejeitam qualquer forma de política baseada na nação ou na região. Do ponto de vista deles, a valorização do local é regressiva e fascista; declaram, ainda, que "A resistência da multidão à sujeição – as lutas

[35] Michael Hardt e Antonio Negri, *Empire*, op. cit., p. 55.

QUAL ORDEM MUNDIAL: COSMOPOLITA OU MULTIPOLAR? · 113

contra a escravidão de pertencer a uma nação, a uma identidade e a um povo, e, portanto, a recusa à soberania e aos limites que ela coloca à subjetividade é totalmente positiva"[36].

Se o movimento antiglobalização adotasse essa perspectiva, não há dúvida de que se condenaria à irrelevância política. Seu futuro e seu impacto residem, certamente, na capacidade de se organizar numa multiplicidade de níveis diferentes: local, nacional, regional e também global. Apesar das alegações feitas em *Império*, os Estados-nação ainda são atores importantes, e, mesmo que seja verdade que as empresas multinacionais operam de acordo com estratégias em grande medida independentes dos Estados, elas não podem prescindir do poder desses Estados. Como ressalta Doreen Massey[37], o espaço globalizado é "estriado", com uma diversidade de lugares em que as relações de poder são articuladas segundo contornos específicos locais, regionais e nacionais. A multiplicidade de pontos nodais exige estratégias variadas e a luta não pode ser encarada simplesmente em nível global. Fóruns regionais e locais como os que foram organizados na Europa (Florença em 2002, Paris em 2003, Londres em 2004) e em inúmeras cidades do mundo são lugares em que diferentes movimentos de resistência podem se interligar e em que a "guerra de posição" – para tomar emprestada uma expressão gramsciana – pode ser lançada. Compromissos locais e nacionais também podem oferecer espaços importantes de resistência, e recusar-se a mobilizar sua dimensão afetiva em torno de objetivos democráticos significa deixar esse potencial disponível para os demagogos da direita. Pois se o movimento antiglobalização seguir o conselho de Hardt e Negri e considerar que esses compromissos são reacionários estará cometendo um grave equívoco.

Diante do quadro falacioso de uma multidão global enfrentando um império unificado, um confronto que resultará inevitavelmente na vitória da multidão e "na invenção de uma nova de-

---
[36] Ibid., p. 361.
[37] Doreen Massey, *For Space*, Londres, Sage, 2005, capítulo 14.

mocracia, uma democracia absoluta, ilimitada e imensurável"[38], a questão que precisa ser enfrentada diz respeito às formas políticas de organização das resistências, o que exige reconhecer as divisões que existem em ambos os lados. Tampouco os conflitos entre as "máquinas desejantes" da multidão, nem a divergência de interesses dentro do campo capitalista, devem ser ignorados. Assim como a perspectiva cosmopolita, a visão de Hardt e Negri de um espaço globalizado livre de conflito não consegue dar conta da natureza pluralista do mundo, do fato de que ele é um "pluriverso", não um "universo". Sua ideia de uma "democracia absoluta", um estado de imanência radical para além da soberania, no qual uma nova forma de auto-organização da multidão substituiria uma ordem construída com base no poder, é a forma pós-moderna do anseio por um mundo reconciliado – um mundo no qual o desejo teria triunfado sobre a ordem, no qual o poder constituinte imanente da multidão teria derrotado o poder constituinte transcendente do Estado e no qual o político teria sido eliminado. Esse anseio, qualquer que seja sua versão – liberal ou de extrema esquerda –, impede que compreendamos qual é o verdadeiro desafio que está diante da política democrática, tanto no nível doméstico como no nível internacional: não como superar a relação nós/eles, mas como conceber formas de construção do nós/eles compatíveis com uma ordem pluralista.

## Em direção a uma ordem mundial multipolar

Como argumentei no Capítulo 3, é o fato de estarmos vivendo hoje em um mundo unipolar em que não existem canais legítimos de oposição à hegemonia dos Estados Unidos que está na origem da explosão de novos antagonismos, os quais, se formos incapazes de compreender sua natureza, podem, de fato, condu-

---

[38] Michael Hardt e Antonio Negri, "Globalization and Democracy", em Okwui Enwezor et al. (orgs.), *Democracy Unrealized*, Kassel, Hatje Cantz, 2002, p. 336.

zir ao anunciado "choque de civilizações". O modo de evitar essa possibilidade é levar a sério o pluralismo, em vez de tentar impor um modelo único ao mundo inteiro, mesmo que se trate de um modelo cosmopolita bem-intencionado. É urgente, portanto, que deixemos de lado a ilusão de um mundo unificado e trabalhemos em prol da criação de um mundo multipolar. Fala-se muito hoje sobre a necessidade de um "multilateralismo" efetivo. Porém, num mundo unipolar, o multilaterismo será sempre uma ilusão. Existindo um único poder hegemônico, será sempre ele que decidirá se vai levar em conta a opinião de outras nações ou se agirá sozinho. Para que haja um verdadeiro multilateralismo é preciso que exista uma pluralidade de centros de decisão e uma espécie de equilíbrio – mesmo que relativo – entre os diversos poderes.

Como sugeri no Capítulo 3, é possível encontrar *insights* importantes nos textos que Schmitt escreveu na década de 1950 e no início da década de 1960, nos quais especula sobre a possibilidade de um novo Nomos da Terra que poderia substituir o *Jus Publicum Europaeum*. Num artigo de 1952[39] em que analisou como o dualismo criado pela Guerra Fria e pela polarização entre capitalismo e comunismo poderia evoluir, ele imaginou vários cenários possíveis. Ele era cético com relação à ideia de que esse dualismo representava apenas o prelúdio de uma unificação final do mundo que resultaria da vitória total de um dos antagonistas, o qual, então, conseguiria impor seu sistema e sua ideologia no mundo inteiro. Era mais provável que o fim da bipolaridade levasse a um novo equilíbrio assegurado pelos Estados Unidos e sob sua hegemonia. Schmitt também considerou a possibilidade de uma terceira forma de evolução, que consistiria no início de uma dinâmica de pluralização, cujo resultado poderia ser a criação de uma nova ordem mundial baseada na existência de diversos blocos regionais autônomos. Isso ofereceria as condições para que houvesse um equilíbrio de forças entre diversas áreas extensas, esta-

[39] Carl Schmitt, "Die Einheit der Welt", *Merkur*, Vol. VI, 1 1952, pp. 1-11.

belecendo entre elas um novo sistema de direito internacional. Esse equilíbrio teria semelhanças com a antiga *Jus Publicum Europaeum*, exceto que, neste caso, ele seria verdadeiramente global e não apenas eurocêntrico. Era sua solução preferida, porque ele acreditava que, ao instituir um "verdadeiro pluralismo", esse mundo multipolar forneceria as instituições indispensáveis para administrar os conflitos e evitar as consequências negativas resultantes do pseudouniversalismo que surgiria da generalização de um único sistema. Estava ciente, no entanto, de que esse pseudouniversalismo era um resultado muito mais provável que o pluralismo defendido por ele. E, infelizmente, desde o colapso do comunismo, seus temores se confirmaram.

Embora as reflexões de Schmitt fossem motivadas, naturalmente, por preocupações bastante diferentes das minhas, creio que sua visão é particularmente relevante para nossa conjuntura atual. A esquerda poderia reconhecer o caráter pluralista do mundo e adotar a perspectiva multipolar. Como argumentou Massimo Cacciari[40], isso significa trabalhar no sentido de estabelecer um sistema internacional de direito baseado no conceito de polos regionais e identidades culturais federadas entre si, como reconhecimento de sua plena autonomia. Cacciari reconhece o caráter pluralista do mundo, e, examinando a questão do relacionamento com o mundo islâmico, ele adverte contra a crença de que a modernização do Islã deve ocorrer por meio da ocidentalização. A tentativa de impor nosso modelo, diz ele, multiplicaria os conflitos locais de resistência que fomentam o terrorismo global. Ele propõe um modelo de globalização construído em torno de um determinado número de grandes espaços e polos culturais genuínos, insistindo que a nova ordem do mundo precisa ser multipolar.

Compreensivelmente, dada a supremacia inquestionável dos Estados Unidos, muitas pessoas dirão que o projeto de um mundo multipolar é irrealista. Mas ele certamente não é mais irrealista

---

[40] Massimo Cacciari, "Digressioni su Impero e tre Rome", em H. Frise, A. Negri e P. Wagner (orgs.), *Europa Politica Ragioni di una necessita*, Roma, Manifestolibri, 2002.

que a visão cosmopolita. Na verdade, o surgimento da China como uma superpotência prova que essa dinâmica de pluralização, longe de ser irrealista, já está em funcionamento. E esse não é o único sinal de que estão sendo formados blocos regionais, cujo objetivo é alcançar uma certa autonomia e poder de negociação. Por exemplo, essa é certamente a orientação que vários países da América Latina estão tomando sob a liderança do Brasil e da Argentina, na tentativa de fortalecer o Mercosul (uma estrutura econômica comum da América do Sul); uma dinâmica semelhante está presente na reunião de diversos países do Sudeste Asiático na ANSEA (Associação de Nações do Sudeste Asiático), e é provável que cresça a atração por esse modelo.

Embora não pretenda minimizar os obstáculos que precisam ser superados, pelo menos no caso da criação de uma ordem multipolar esses obstáculos são apenas de natureza empírica, enquanto o projeto cosmopolita também se baseia em premissas teóricas equivocadas. Seu sonho de uma ordem mundial que não esteja estruturada em torno das relações de poder baseia-se na recusa em aceitar o caráter hegemônico de todas as ordens. Uma vez que se reconheça que não existe "para além da hegemonia", a única estratégia concebível para superar a dependência mundial de um único poder é encontrar formas de "pluralizar" a hegemonia. E isso só pode ser feito reconhecendo-se uma multiplicidade de poderes regionais. Somente nesse contexto é que nenhum agente da ordem internacional será capaz, em razão de seu poder, de se considerar acima da lei e de se arrogar o papel de soberano. Além disso, como destacou Danilo Zolo, "o equilíbrio multipolar é a condição indispensável para que o direito internacional exerça até mesmo aquela tarefa mínima que é controlar as consequências mais destrutivas da guerra moderna"[41].

---

[41] Antonio Negri e Danilo Zolo, "Empire and the Multitude: a Dialogue on the New Order of Globalization", *Radical Philosophy*, 120, julho/agosto de 2003, p. 33.

# Conclusão

Estamos diante, hoje, de anos decisivos. Após a euforia da década de 1990, em que a vitória definitiva da democracia liberal e a chegada de uma "nova ordem mundial" foram saudadas em tantas regiões do globo, os novos antagonismos que surgiram representam desafios que décadas de hegemonia neoliberal nos deixaram incapazes de enfrentar. Examinei neste livro alguns desses desafios e sustentei que, para compreender sua natureza, é preciso aceitar a dimensão inerradicável de antagonismo que existe nas sociedades humanas, o que eu sugeri chamar de "político".

No que toca à política doméstica, mostrei como a crença no fim da forma adversarial de política e na superação da divisão esquerda/direita, em vez de facilitar a criação de uma sociedade pacificada, criou o terreno para a ascensão dos movimentos populistas de direita. Ao sugerir que a solução está na promoção do caráter agonístico da política por meio da revitalização da diferenciação esquerda/direita, não peço que se retorne simplesmente ao seu conteúdo tradicional, como se o significado desses termos tivesse sido determinado de uma vez por todas. O que está em jogo na oposição esquerda/direita não é um conteúdo específico – embora, como destacou Norberto Bobbio, ela certamente se refere a atitudes contrárias com respeito à redistribuição social¹ –, mas o reconhecimento da divisão social e a legitimação do conflito. Numa sociedade democrática, ela chama a atenção para a existência de uma pluralidade de interesses e reivindicações que, embora sejam conflitantes e nunca possam ser definitivamente reconciliados, devem, não obstante, ser considerados legítimos. O conteúdo mesmo da esquerda e da direita irá variar, mas a linha divisória deve permanecer, porque seu desaparecimento indicaria que a divisão social está sendo negada e que um conjunto de vozes foi silenciado. É por essa razão que a política democrática é, por natureza, necessariamente adversarial. Como salientou Niklas Luhmann, a democracia moderna exige uma "cisão na cúpula", uma linha divisória clara entre o governo e a oposição; isso pressupõe uma oferta de políticas claramente diferenciadas, permitindo que os cidadãos decidam entre formas diferentes de organizar a sociedade². Quando a divisão social não pode se manifestar em razão da pouca clareza da linha divisória esquerda/direita, as paixões não podem ser mobilizadas na direção dos objetivos democráticos e os antagonismos assumem formas que podem pôr em risco as instituições democráticas.

## Os limites do pluralismo

Para evitar qualquer confusão, devo mencionar que, contrariamente a alguns pensadores pós-modernos que imaginam um pluralismo sem limites, eu não acredito que uma política pluralista democrática deva considerar legítimas todas as reivindicações formuladas numa determinada sociedade. O pluralismo que eu defendo exige que se diferencie entre reivindicações que devem ser aceitas como parte do debate agonístico e aquelas que devem ser excluídas. Uma sociedade democrática não pode tratar

---

[1] Norberto Bobbio, *Destra e Sinistra: ragioni e significati di una distinzione politica*, Roma, Donzelli Editore, 1994.
[2] Niklas Luhmann, "The Future of Democracy", *Thesis Eleven*, 26, 1990, p. 51.

quem questiona suas instituições básicas como um adversário legítimo. A abordagem agonística não pretende abarcar todas as diferenças e superar todas as formas de exclusão. Mas as exclusões são encaradas em termos políticos, não em termos morais. Algumas reivindicações são excluídas não porque sejam declaradas "perniciosas", mas porque põem em questão as instituições fundamentais da associação política democrática. Na verdade, embora a própria natureza dessas instituições também faça parte do debate agonístico, para que esse debate aconteça é indispensável a existência de um espaço simbólico comum. Foi isso que eu quis dizer quando argumentei, no Capítulo 1, que a democracia exige um "consenso conflituoso": consenso sobre os valores ético-políticos de liberdade e igualdade para todos, e dissenso a respeito da interpretação desses valores. Portanto, deve-se traçar uma linha entre aqueles que rejeitam completamente esses valores e aqueles que, embora os aceitem, defendem interpretações conflitantes.

Neste caso, minha posição pode parecer semelhante à de um teórico liberal como John Rawls, cuja diferenciação entre pluralismo "simples" e "razoável" também é uma tentativa de traçar uma linha entre reivindicações legítimas e ilegítimas. No entanto, ela se diferencia de modo significativo da posição de Rawls: ele alega que essa diferenciação se baseia na racionalidade e na moralidade, enquanto eu afirmo que o traçado da fronteira entre o legítimo e o ilegítimo é sempre uma decisão política e que, portanto, ela deve estar sempre sujeita à contestação[3]. Tendo Wittgenstein como referência, afirmo que nosso compromisso com os valores e as instituições democráticos não se baseia em sua maior racionalidade, e que os princípios democráticos liberais só podem ser defendidos por serem constitutivos de nossa forma de vida. Contrariamente a Rawls e Habermas, não tento apresentar a democracia liberal como o modelo que seria escolhido por todo indivíduo racional em condições idealizadas. É por isso que con-

[3] Critiquei a posição de Rawls nesse ponto em meu livro *The Return of the Political*, Londres, Verso, 1993, capítulo 6.

sidero a dimensão normativa inscrita nas instituições políticas como sendo de natureza "ético-política", para indicar que ela se refere sempre a experiências específicas, que dependem de contextos particulares, e que não é a expressão de uma moralidade universal. Realmente, desde Kant a moralidade é apresentada frequentemente como uma esfera de comandos universais na qual não existe lugar para a "discordância racional". Isso, a meu ver, é incompatível com o reconhecimento do caráter profundamente pluralista do mundo e do irredutível conflito de valores.

É evidente que minha posição acerca dos limites do pluralismo tem consequências para o atual debate sobre multiculturalismo e vale a pena explicitar alguns deles. Em primeiro lugar, dentre as diferentes reivindicações reunidas debaixo do rótulo do multiculturalismo, precisamos distinguir entre as que se referem ao reconhecimento de tradições e costumes estritamente culturais e as que possuem uma natureza claramente política. Sei perfeitamente que isso não é algo fácil de fazer, e que nunca haverá uma solução definitiva, clara e satisfatória. Mas é possível estabelecer uma distinção aproximada entre um conjunto de reivindicações cuja satisfação pode ser assegurada sem pôr em risco as bases do modelo democrático liberal e aquelas que levariam a sua destruição. Seria o caso, por exemplo, das reivindicações cuja satisfação exigiria a implementação de sistemas legais diferentes de acordo com a origem étnica ou a crença religiosa dos grupos. Não há dúvida de que existem casos especiais, como o dos povos indígenas, em que se podem fazer exceções[4]. Mas o pluralismo legal não pode se tornar a regra sem pôr em risco a continuidade da associação política democrática. Uma sociedade democrática exige que seus cidadãos se submetam a um conjunto de princípios ético-políticos comuns, geralmente explicitados numa Constituição e expressos numa estrutura legal, e ela não pode permitir a coexistência de princípios de legitimidade conflitantes em seu

---

[4] Para discutir essas questões, podemos recorrer a William Kymlicka, *Multicultural Citizenship*, Oxford, Oxford University Press, 1995.

meio. Acreditar que, em nome do pluralismo, um grupo de imigrantes deva receber um tratamento privilegiado é, permito-me sugerir, um erro que demonstra uma falta de compreensão do papel do político no ordenamento simbólico das relações sociais. Certamente existiram algumas formas de pluralismo legal como, por exemplo, o "sistema de milhete" do Império Otomano (que reconhecia as comunidades muçulmana, cristã e judaica como unidades autônomas autorizadas a impor a seus próprios membros leis religiosas restritivas); mas esse sistema é incompatível com o exercício de uma cidadania democrática que pressuponha a igualdade entre todos os cidadãos.

## Um pluralismo das modernidades

Quando passamos da política doméstica para a política internacional, deparamo-nos com um tipo muito diferente de pluralismo, que é preciso diferenciar do pluralismo liberal. O primeiro tipo de pluralismo é característico da democracia liberal e está relacionado ao objetivo de uma concepção substantiva da boa vida e à afirmação da liberdade individual. Esse pluralismo está incrustado nas instituições da democracia liberal, faz parte de seus princípios ético-políticos e tem de ser aceito por seus cidadãos. Mas existe também outro tipo de pluralismo, um pluralismo que ameaça a pretensão da democracia liberal de fornecer o modelo universal que todas as sociedades devem adotar em razão de sua maior racionalidade. É esse pluralismo que está em questão no projeto multipolar.

Contrariamente àquilo que os universalistas liberais querem nos fazer crer, o modelo ocidental de modernidade, caracterizado pelo desenvolvimento de um tipo de racionalidade instrumental e de um individualismo atomizado, não é a única forma adequada de se relacionar com o mundo e com os outros. Ele pode ter se tornado hegemônico no Ocidente, porém, como muitos críticos apontaram, mesmo no Ocidente ele está longe de representar a única forma de sociabilidade. É dentro dessa linha que historiadores eruditos começaram a criticar a ideia monolítica de Iluminismo, revelando a presença de uma multiplicidade de iluminismos distintos, muitas vezes concorrentes entre si, e que foram afastados pela ascensão da modernidade capitalista.

Analisando os vários iluminismos que são reconhecidos hoje como constitutivos da história europeia – civil, metafísico, neorromano, da soberania popular e cívico –, James Tully argumenta que a pergunta "O que é Iluminismo?", que foi formulada dentro da tradição kantiana como uma pergunta transcendental com uma resposta transcendental-legislativa definitiva, deve ser destrancendentalizada e reespecificada como uma pergunta histórica "com várias pequenas (e) respostas iluministas, cada uma delas relativa a uma forma de subjetividade iluminista autoproclamada adquirida por meio da prática de um etos específico e de suas experiências políticas afins"[5]. No entanto, não basta limitar a investigação à Europa, porque, uma vez que se reconheça o caráter histórico da pergunta, temos de admitir que, assim como ela não pode receber uma resposta transcendental definitiva, também não pode receber uma resposta histórica definitiva. Consequentemente, como Tully sugere, "a problematização delimitada pela pergunta 'O que é Iluminismo?' não deve mais ficar confinada a discussões intermináveis decorrentes das soluções conflitantes encontradas dentro dos limites da Europa, e que tiveram como pano de fundo a transição europeia para um sistema moderno de Estados soberanos e suas sucessivas transformações"[6].

Penso que as reflexões de Tully a respeito da possibilidade de iluminismos não ocidentais são cruciais para a formulação da abordagem multipolar. Na verdade, essa abordagem exige que aceitemos a existência de outras formas de modernidade além daquela

---

[5] James Tully, "Diverse Enlightenments", *Economy and Society*, Vol. 32, 3, agosto de 2003, p. 501.
[6] Ibid., p. 502.

que o Ocidente está tentando impor no mundo todo, sem respeitar outras histórias e tradições. A defesa de um modelo de sociedade diferente da ocidental não deve ser vista como uma expressão de atraso nem como a prova de que a pessoa continua num estágio "pré-moderno". Já está mais do que na hora de abandonar o dogma eurocêntrico de que nosso modelo tem um direito especial sobre a racionalidade e a moralidade.

## UMA CONCEPÇÃO MISTA DOS DIREITOS HUMANOS

Quais são as consequências desse "pluralismo de modernidades" para o conceito de "direitos humanos" que é tão fundamental no discurso democrático liberal hoje? Como vimos, os direitos humanos desempenham um papel primordial no projeto cosmopolita de implementação da democracia liberal em escala mundial. Na verdade, seu dogma principal é que a universalização dos direitos humanos exige que outras sociedades adotem as instituições ocidentais. Será que esse conceito deve ser descartado num mundo multipolar?

Minha posição a respeito desse assunto é que, para raciocinar de maneira pluralista, é preciso problematizar a ideia da universalidade dos direitos humanos tal como é normalmente compreendida. Concordo com Boaventura de Sousa Santos quando ele afirma que, enquanto forem considerados "universais", os direitos humanos serão sempre um instrumento do que ele chama de "globalização por cima", algo imposto pelo Ocidente sobre o resto do mundo, e que isso irá alimentar o choque de civilizações[7]. Segundo ele, o próprio debate acerca da "universalidade" dos direitos humanos indica que se trata de um debate cultural ocidental, próprio de uma cultura específica, e que ela não pode ser apresentada como uma invariável cultural. Apesar disso, ele não con-

---

[7] Boaventura de Sousa Santos, *Toward a New Common Sense: Law, Science and Politics in a Paradigmatic Transition*, Londres, Routledge, 1995, pp. 337-42.

clui que isso seja um motivo para rejeitar os direitos humanos e, embora reconhecendo que as políticas de direitos humanos têm estado muitas vezes a serviço de interesses econômicos e geopolíticos dos países capitalistas hegemônicos, Sousa Santos afirma que o discurso dos direitos humanos também pode ser articulado em defesa dos oprimidos. Ele ressalta a existência de um discurso contra-hegemônico dos direitos humanos, articulado em torno de especificidades culturais e diferentes versões da dignidade humana, em vez de lançar mão de falsos universalismos. Ele defende uma concepção "mista" de direitos humanos que os repense como "multiculturais", permitindo formulações diferentes de acordo com as diferentes culturas.

Sousa Santos tem a mesma abordagem de Raimundo Panikkar, que defende que para compreender o significado dos direitos humanos é necessário examinar a função que eles exercem em nossa cultura. Isso nos permitirá verificar mais tarde se essa função não é preenchida de modo diferente em outras culturas[8]. Os direitos humanos são apresentados na cultura ocidental como fornecedores dos critérios básicos para o reconhecimento da dignidade e como a condição indispensável para a ordem política. A pergunta que devemos fazer é se outras culturas não dão respostas diferentes à mesma pergunta; em outras palavras, devemos procurar equivalentes funcionais dos direitos humanos. Se aceitarmos que o que está em jogo nos direitos humanos é a dignidade da pessoa, fica claro que essa pergunta pode ser respondida de diferentes maneiras. O que a cultura ocidental chama de "direitos humanos" é uma forma culturalmente específica de responder a essa pergunta, uma forma individualista específica da cultura liberal e que não pode reivindicar o direito de ser a única legítima.

Isso me parece uma perspectiva promissora e, como Panikkar e Sousa Santos, insisto na necessidade de pluralizar o conceito de direitos humanos, de modo a impedir que eles se tornem um ins-

---

[8] Raimundo Panikkar, "Is the Notion of Human Rights a Western Concept?", *Diogenes*, 120, 1982, pp. 81-2.

trumento de imposição da hegemonia ocidental. Reconhecer a pluralidade de formulações da ideia de direitos humanos é pôr em destaque seu caráter político. O debate sobre os direitos humanos não pode ser encarado como se ocorressem em um terreno neutro em que os imperativos de moralidade e racionalidade – definidos pelo Ocidente – representariam os únicos critérios legítimos. Trata-se de um terreno moldado pelas relações de poder em que tem lugar uma luta pela hegemonia; daí a importância de abrir espaço para uma pluralidade de interpretações legítimas.

## Qual europa?

Gostaria de concluir estas reflexões acerca do político com uma pergunta: qual deve ser o lugar da Europa em um mundo multipolar? É possível uma Europa verdadeiramente política, uma Europa que também seria uma verdadeira potência? Será que isso é mesmo desejável? É um tema que certamente enfrenta forte oposição tanto na esquerda como na direita. Examinemos os motivos pelos quais muitas pessoas na esquerda não consideram essa eventualidade de forma positiva[9]. Algumas delas identificam a Europa com o projeto hegemônico capitalista ocidental, argumentando que uma Europa política não pode significar mais do que um conflito interno dentro do Ocidente entre duas potências em luta pela hegemonia. A única diferença seria que a Europa, em vez de seguir os Estados Unidos, se tornaria sua rival. Mesmo que acreditasse que o fim do mundo unipolar seria um acontecimento positivo, é claro que esse não é o tipo de Europa que eu defendo. Para criar uma ordem mundial pluralista é preciso descartar a ideia de que só existe uma forma possível de globalização, a forma neoliberal predominante, e não simplesmente levar a Euro-

[9] Para um resumo completo dessas posições, ver H. Frise, A. Negri e P. Wagner (orgs.), *Europa Politica. Ragioni di uma necessità*, Roma, Manifestolibri, 2002. Ver especialmente a introdução, pp. 7-18.

pa a competir com os Estados Unidos por sua liderança. Para a Europa afirmar sua identidade, é a própria ideia de "Ocidente" que tem de ser questionada, para que se inicie uma dinâmica de pluralização que poderia criar a base para resistir à hegemonia neoliberal.

Outros na esquerda desconfiam da integração europeia porque acreditam que o Estado-nação é o espaço indispensável para o exercício da cidadania democrática, que é posta em risco pelas instituições europeias. Eles consideram o projeto europeu como o cavalo de Troia do neoliberalismo e como uma ameaça às conquistas alcançadas pelos partidos social-democratas. Embora não negue que existem motivos para desconfiar das atuais iniciativas políticas europeias, seu erro é pensar que poderiam resistir melhor à globalização neoliberal no nível nacional. Somente no nível europeu é que se pode começar a imaginar uma alternativa possível ao neoliberalismo. O fato de que, infelizmente, esse não seja o rumo que a União Europeia escolheu, longe de fazer com que as pessoas se afastem da política europeia, deveria convencê-las da importância de prosseguir sua luta no nível europeu, de modo a influenciar os futuros contornos da Europa.

Os internacionalistas, como vimos, opõem-se à ideia de uma Europa política porque criticam todos os tipos de fronteiras e de formas regionais de filiação. Eles exaltam a "desterritorialização" produzida pela globalização, que, segundo eles, cria as condições para um mundo verdadeiramente global sem fronteiras, no qual a "multidão nômade" poderá circular livremente a seu bel-prazer. Eles alegam que a construção de uma Europa política reforçaria a tendência de criar uma "fortaleza europeia" e de aumentar a discriminação existente. Essa possibilidade não deve ser descartada, e numa Europa que se define unicamente como concorrente dos Estados Unidos isso provavelmente aconteceria. Mas a situação seria diferente no contexto de um mundo multipolar no qual grandes unidades regionais coexistiriam e no qual o modelo de globalização neoliberal não seria o único.

CONCLUSÃO · 129

Embora aqueles na esquerda que defendem a ideia de uma Europa política concordem, em linhas gerais, que ela deve promover um modelo civilizatório diferente e não simplesmente competir com os Estados Unidos, também é verdade que nem todos eles aceitam a visão multipolar. Por exemplo, alguns universalistas liberais, que consideram que o modelo ocidental de democracia liberal deve ser adotado em todo o mundo, também defendem uma Europa política, que, em sua concepção, deve ser aquela que irá apontar o caminho que todas as outras sociedades devem seguir. Na verdade, o que eles defendem é um projeto cosmopolita, uma vez que afirmam que a Europa representa a vanguarda do movimento voltado à criação de uma ordem universal baseada na implementação mundial da lei e dos direitos humanos. Esse é o modo, por exemplo, que Habermas concebe o projeto europeu[10]. Seu apelo aos europeus em 2003, após a invasão do Iraque, para que se unissem e se opusessem às violações do direito internacional e dos direitos humanos pelo governo Bush certamente foram bem-vindos. No entanto, embora concorde com ele acerca da necessidade de criar uma Europa forte, discordo quando ele considera essa ação um primeiro passo no sentido da criação de uma ordem cosmopolita porque não aceito as premissas universalistas nas quais se baseia essa visão.

Do meu ponto de vista, uma Europa verdadeiramente *política* só pode existir em relação a outros entes políticos, como parte de um mundo multipolar. Se a Europa pode desempenhar um papel decisivo na criação de uma nova ordem mundial, não é promovendo uma lei cosmopolita que toda a humanidade "racional" deve obedecer, mas contribuindo para a criação de um equilíbrio entre polos regionais cujos interesses e tradições específicas serão valorizados, e no qual diferentes modelos nacionais de democracia serão aceitos. Isso não significa negar a necessidade de um conjunto de instituições que regulem as relações internacionais;

---

[10] Ver, por exemplo, Jürgen Habermas, *The Postnational Constellation*, Cambridge, Polity Press, 2001, capítulo 4.

mas essas instituições, em vez de serem organizadas ao redor de uma estrutura unificada de poder, devem permitir um grau significativo de pluralismo; *pace* os cosmopolitas, o objetivo não pode ser a universalização do modelo democrático liberal. A tentativa de impor esse modelo, considerado como o único legítimo, em sociedades recalcitrantes induz à caracterização daqueles que não o aceitam como "inimigos" da civilização, criando assim as condições para o conflito antagonístico. Na verdade, embora num mundo multipolar os conflitos continuem existindo, a probabilidade de que assumam uma forma antagonística é menor. Não está ao nosso alcance eliminar os conflitos e nos libertarmos da nossa condição humana, mas está ao nosso alcance criar as práticas, os discursos e as instituições que permitiriam que esses conflitos assumissem uma forma agonística. É por esse motivo que a defesa e a radicalização do projeto democrático exige que se reconheça a dimensão antagonística do político e se abandone o sonho de um mundo reconciliado que teria superado o poder, a soberania e a hegemonia.

# Índice remissivo

adversário, o 19-20, 31, 46, 48, 50
agonismo 19, 22, 50
agonística: confrontação 28-32; forma 5; esfera pública 3
América Latina 117
Anderson, Perry 49
ANSEA 117
antagonismo: agonismo e 19-20, 22, 50; surgimento do 4; formas 120; negação do 2, 9, 11; o político como 9-13, 130; possibilidade de 14, 15, 18
*Anti-Édipo* (Deleuze e Guattari) 111
Archibugi, Daniele 91, 96-7
Arendt, Hannah 8
Assembleia Parlamentar Global (APM) 92
Áustria: reações às eleições de 2000 72-3; populismo de direita 64, 65-8
autonomia 44-5, 82-3

Beck, Ulrich: sobre a perspectiva cosmopolita 94-5; sobre a democratização da democracia 49-52; sobre os sistemas peritos 39-40, 43; sobre o novo individualismo 42; sobre a visão pós-política 46-9; sobre a modernidade reflexiva 33, 54; e a "reinvenção da política" 34-6; sobre a social-democracia 109; sobre a "subpolítica" 36-40
Bélgica, populismo de direita 64, 67
Berlin, Isaiah 9
Blair, Tony 58-60, 70
Bobbio, Norberto 119-20
burocratização 49
Bush, George W. 74, 76, 129

Cacciari, Massimo 116
Canetti, Elias 20-4, 27
capitalismo 35, 55, 58, 90, 95
centro radical 58
centro-esquerda 30
Chandler, David 99, 100
China 117
Chirac, Jacques 68
cidadão, global 99-100
ciência 45
classe, conceito de 57, 60
coletivismo 56
comunismo 30-1, 55-6
*Conceito do político, O* (Schmitt) 10, 11

concepção mista dos direitos
  humanos 125-7
confiança ativa, 43
conflito 19, 29
confrontação, agonística 28-32
confrontação bem e mal, nós/eles
  5, 74
consenso: na Áustria 65;
  conflituoso 121; ênfase atual 23,
  28-9; riscos do modelo de 2, 29,
  68-71; implementação pelo
  "centro radical" 58; necessidade
  de 29-30; Schmitt sobre 10-1;
  visão do 3, 88
contestação 3
*Cosmopolitan Democracy: An
  Agenda for a New World Order*
  (Archibugi e Held) 96

Dahl, Robert 103-4
Davos, fórum econômico 94
Declaração Universal dos Direitos
  Humanos 92
Deleuze, Gilles 108, 111
democracia: absoluta 2, 114;
  modelo adversário de 18-9, 68;
  agonística 49-52; autoridade e
  56; forma consensual de 1;
  cosmopolita 2, 6; critérios de
  101; democratizar a 42-6, 51;
  dialógica 2, 45-6, 49-52;
  emocional 45; e governança
  global 102-6; liberal 1; sem
  partidos 27-8; pluralista 18;
  radical 51; reflexiva 52;
  revitalização da 31
democracia liberal: estágio atual da
  32; questionamento da
  superioridade da 87, 90;
  universalidade da 81-8
democracia pluralista 18
democratas 82
Derrida, Jacques 14

desterritorialização 95, 112, 128
diferença 14
diferenciação amigo/inimigo: e a
  moralização da política 75; e
  pluralismo 13-5, 30, 50;
  abordagem de Schmitt 10, 12
direito: internacional 17;
  pluralismo legal 122-3; Estado de
  82-3
direitos humanos 82-5; concepção
  mista dos 125-7

efeitos colaterais 35, 47
*Entre fatos e normas* (Habermas)
  82
esfera moral 5
esquerda e direita: além de 2, 6;
  centro-esquerda 30; perda de
  significado da divisão 55, 68, 71;
  metáfora 36; revitalização da
  diferenciação 119-20; conflito
  entre 5; na subpolítica 38
"establishment, o" 69
Estado de Bem-Estar Social 59, 109
Estado-nação 98-9, 107
Estados Unidos: predominância
  dos 80, 114, 116; hegemonia dos
  77, 114-5, 128; visão idealizada
  dos 90; moralização da política
  74, 76; relação com a Europa
  127-8
Europa, qual? 127-30
exclusão 54, 60, 70, 77, 88, 120-1
existenciais 16
"exterioridade constitutiva" 14,
  17-8
extrema direita 71-2
extrema esquerda 4, 111, 114

Falk, Richard 80, 91, 92, 93
família 41, 44
Flahaut, François 73
Fórum Social Mundial 111

França, populismo de direita, 64, 65-8
Freud, Sigmund 3, 24-8
fundamentalistas 47, 48, 53

Giddens, Anthony: sobre a democratização da democracia 42-6, 49-52; visão pós-política 46-9; e sociedade pós-tradicional 40-2; sobre as PPPs 60-1; sobre a modernidade reflexiva 33; retórica da modernização 52-4; sobre a social-democracia 54-5, 58-9, 109; política da terceira via 54-8
globalização: Beck sobre a 36; futuro cosmopolita da 1; Giddens sobre a 41, 56; Hardt e Negri sobre a 112; forma neoliberal da 69, 80, 81
governança global 102-6
governança, conceito de 102-3
Grã-Bretanha, populismo de direita 69-70
Gramsci, Antonio 113
Gray, John 9, 59
Guattari, Félix 111
guerra, conceito de 78-9

Habermas, Jürgen 12, 82-8, 100, 121, 129
Haider, Jörg 64, 66-7
Hall, Stuart 59, 61
Hardt, Michael 106
Hegel, Georg Wilhelm Friedrich 17
hegemonia: além da 2, 6, 106, 117; conceito de 16; construção de uma nova 51, 52; pluralização da 117; ocidental 77
*Hegemonia e estratégia socialista* (Laclau e Mouffe) 51
Heidegger, Martin 8, 16

Held, David 91, 96, 97, 98, 101, 102
humanidade, conceito de 77

identidades coletivas: Beck e Giddens sobre 52; distinção nós/eles 5, 10, 13, 25-6; enfraquecimento 1, 36, 47, 69
identificação 25-8
Iluminismo 124
*Império* (Hardt e Negri) 106-13
Império Otomano 123
inclusão 60
individualismo: crescimento de um novo 42; no pensamento liberal 10; expansão do 56, 57
individualização 35, 47
inimigo como criminoso 78-9, *ver também* amigo/inimigo
"inimigos maléficos" 77
internacionalização da política 92-3
Iraque, invasão do 129
Islã 116
Iugoslávia, desintegração da 15

Jospin, Lionel 68
*jouissance* 25-6
Jus Publicum Europaeum 78, 115-6

Kaldor, Mary 104-5
Kant, Immanuel 89, 122, 124
Kervégan, Jean-François 79-80

Lacan, Jacques 25-6
Laclau, Ernesto 16, 51
Le Pen, Jean-Marie 67-8
liberais 82-3
liberalismo 4, 9-10, 77
Locke, John 82
Luhmann, Niklas 120

mal 5, 74-5, 76
*Mal-estar na civilização, O* (Freud) 24

Maquiavel, Nicolau 6
*Massa e poder* (Canetti) 20-4
massa, a 22-3
Massey, Doreen 113
*Mil platôs* (Deleuze e Guattari) 111
Mitterrand, François 67
mobilização 23-4
modelo agregativo 12, 23
modelo deliberativo 12, 23
modelo keynesiano de gestão econômica 55
modernidade reflexiva 33, 34, 35, 36, 46, 47, 48, 54, 94
modernidades, um pluralismo das 123-5
modernização, retórica da 52-4
modernização reflexiva 23, 34, 52-3, 63
Montesquieu, Charles de Secondat, barão de 31
moralidade 121-2
Moreiras, Alberto 110
movimento antiglobalização 111, 113
multiculturalismo 122
multidão, a 110-4
*Multidão, guerra e democracia na era do império* (Hardt e Negri) 107
multilateralismo 115

nacionalismo 5, 26
Nações Unidas, 90, 97-9
natureza, relação com a 56
Negri, Antonio 106
nenhum direito sem responsabilidade 56
neoliberalismo 59, 61, 69, 80-1, 90-1
nós/eles: antagônico 22; confrontação 5; política democrática 18-20; distinção 2, 5, 13-5; na obra de Freud 25; sistema parlamentar 22; tipos de relação 18, 114
nova ordem mundial, 89, 119
Novo Trabalhismo 58-61, 70

ocidentalização 85, 116
11 de setembro de 2001, acontecimento de 57, 63, 75-6, 79, 92, 107
ordem mundial multipolar 114-7
ordem mundial: multipolar 114-7; nova 89, 119; nova [ordem mundial] global 115-6
paixões" 6-7, 23, 120
Panikkar, Raimundo 126-7
*Para além da esquerda e da direita* (Giddens) 43
parcerias público-privadas (PPP) 60-1
pluralismo: dinâmica agonística 29; e a relação amigo/inimigo 13-5; legal 122; interpretação liberal do 9; limites do 120-3; das modernidades 123-5
pluriverso 114
política 7-8; democrática 18-20; no registro moral 71-5; reinvenção da 34-6
política da Terceira Via 54-8, 63
política da vida 41-2, 43, 46
política democrática 18-20
político, o 7-8, 32; como antagonismo 9-13, 130; visões cosmopolitas e 89; o social e 16-7
populismo de direita 5, 64-8, 71, 72
populismo, de direita 5, 64-8, 71, 72, 74-5
pós-democracia 28
pós-fordismo 41
povo" 69
práticas hegemônicas 17
*Psicologia de grupo e análise do ego* (Freud) 24

questões ecológicas 41-2, 56

Rancière, Jacques 28
Rasch, William 77, 85
Rawls, John 121
Raz, Joseph 9
Reagan, Ronald 74
reconciliação 2
reflexividade social 41
registro da moralidade 5, 71-5
relacionamento puro 45
relações de poder 17, 32, 48-9, 50, 52, 106
Rorty, Richard 86-8
Rousseau, Jean-Jacques 82
Rustin, Michael 109

Schmitt, Carl: posturas com relação a 4-5; desafio ao liberalismo 10-3, 77-8, 86; sobre os perigos do modelo unipolar 78-80; sobre a relação amigo/inimigo 13-5, 76; sobre o pluralismo 13, 18; visão de uma nova ordem global 116-7
sistema parlamentar 20-4
soberania 100, 109, 112
sociabilidade humana 2-3
social, o 16-7
social-democracia: Giddens sobre a 54-5, 58-9, 109; guinada para a direita 30; "renovação" pelo Novo Trabalhismo da 58-61
sociedade civil 91-6; global 104-5
sociedade de risco 34, 37, 47
sociedade pós-tradicional 40-2, 48, 56
Sousa Santos, Boaventura de 125-6

Staten, Henry 14
Stavrakakis, Yannis 25-6
Strauss, Andrew 80, 92-3
subpolítica, 36-40, 46

*Tarring with the Negative* (Žižek) 26
*Teoria da guerrilha* (Schmitt) 79
*Terceira Via, A* (Giddens) 54
*Terceira Via e seus críticos, A* (Giddens) 54
terrorismo: modo antagônico 5; como consequência de um mundo unipolar 75-81; e internacionalização da política 92-3; guerra contra o 57, 63, 76
thatcherismo 59, 60
tradicionalistas 48, 53, 54
transformações na vida pessoal 56
Tribunal Internacional dos Direitos Humanos 98
Tully, James 124

União Europeia 109, 128
Urbinati, Nadia 91, 102

visão pós-política 46-9, 108
visões cosmopolitas 89-90, 94-102, 117
voto 21, 23, 64

Walzer, Michael 9
Wittgenstein, Ludwig 9, 32, 121

*Zeitgeist*, pós-político 1, 4, 7
Žižek, Slavoj 26, 32
Zolo, Danilo 99, 117